निब के चीरे से

(नवलेखन पुरस्कार से सम्मानित डायरी)

निब के चीरे से

ओम नागर

भारतीय ज्ञानपीठ

लोकोदय ग्रन्थमाला : 1292

ISBN 978-93-263-5482-0

निब के चीरे से

(डायरी)

ओम नागर

प्रथम संस्करण : 2016

मूल्य : 250 रुपये

प्रकाशक : **भारतीय ज्ञानपीठ**

18, इन्स्टीट्यूशनल एरिया, लोदी रोड, नयी दिल्ली-110 003

मुद्रक : विकास कम्प्यूटर्स ऐंड प्रिन्टर्स, दिल्ली-32

आवरण-चित्र : सिद्धार्थ गुंद

आवरण : महेश्वर

NIB KE CHEERE SE

(Diary)

By Om Nagar

Published by

Bharatiya Jnanpith

18, Institutional Area, Lodi Road, New Delhi-110 003

Ph. : 011-24698417, 24626467; 23241619 (Daryaganj)

Mob. : 9350536020; e-mail : bjnanpith@gmail.com

sales@jnanpith.net; website : www.jnanpith.net

First Edition : 2016

Price : Rs. 250

मेरी बात

किसी रचना और उसके रचने की प्रक्रिया के बारे में पूछे जानेवाले आसान सवाल का मुक्कमल जवाब देना मुश्किल तो होता ही हैं। इस सदी के आरम्भ में तुकबन्दी से कविता लेखन की यात्रा शुरू हुई। रचना प्रक्रिया को किसी परिभाषा की परिधि में बाँध देना आसान नहीं। भीतर की कोई आग जिसे निरन्तर जलते रहना है। भीतर का कोई तरल जिसे मनुष्य की आँख में नमी बनाएँ रखनी है। भीतर का ही कोई ठोस जिसे इस्पात होने तक तपते रहना है। कविता लिखने के साथ-साथ कवि होने की कोशिश में जुटा रहता हूँ, जो कठोर होकर नहीं बना जा सकता।

लेकिन दैनिक जीवन और अपने समय में हर घटित को कविता का लिबास पहना देना सरल नहीं हैं। ऐसे में भीतर जमी उमस से निकष का कोई रास्ता तो निकलना ही था। बस इतना हुआ कि इस उमस के मौसम को डायरी लेखन ने ताज़ा हवा के झौंके का परस देकर ख़ुशनुमा बना दिया।

बचपन से लेकर अब तक गाँव, खेती-किसानी से वास्ता नहीं छूटा। अपनी जड़ों से दूर होना भी नहीं, रचनाओं को जीवन वहीं से मिलता हैं। मेरे लिए जीवन, समय और परिवेश के संघर्ष सृजन में उत्प्रेरक की तरह है। कविता के साथ-साथ डायरी लिखने की शुरुआत एक क्षणिक ख़याल की परिणीति नहीं है। यहाँ मुझे विधाओं की पारिभाषिक बन्दिशों से मुक्ति का एहसास तो होता ही हैं। मन को गहरा सुकून भी मिलता है। कवि की डायरी है तो कविताएँ तो आनी ही है, सो तो है। गद्य तो कवि की कसौटी है। इस कसौटी पर कितना ख़रा उतर सका हूँ यह तो आप स्नेहिल अग्रजों और पाठकों को परखना है। असल कसौटी तो पाठक की ही है।

इस अवसर पर प्रिय मित्र धाकड़ भगत सिंह, खुशवन्त, नन्द किशोर महावर, डीएस महावर, कौशल तिवारी, मुकेश का आभार, जिन्होंने मेरे लिखे को सुन–पढ़कर, ऐसे ही लिखते रहने को उत्साहित किया। आभार—हमारे नगर के वरिष्ठ साहित्यकार आदरणीय अरविन्द जी सोरल और मेरे प्रिय मित्र कुमार अनुपम का, जिन्होंने पांडुलिपि को अन्तिम रूप देने में अपना अमूल्य समय–सुझाव देकर इसे सार्थकता प्रदान की। साथ ही भारतीय ज्ञानपीठ परिवार, नवलेखन पुरस्कार की ज्यूरी के सम्मानीय सदस्यों, प्रबन्ध न्यासी साहू अखिलेश जैन जी, निदेशक, लीलाधर मंडलोई जी और प्रकाशन अधिकारी महेश्वर जी का भी हृदय से आभारी हूँ, जिनके भरोसे ने मुझ जैसे अकिंचन के सपनों को इस रूप में साकार किया।

ओम नागर

अनुक्रम

पारुल के लिए
जिसके होने से हम जीवित रहेंगे सदाबसन्त

और

उन कवियों के प्रति बहुत आदर के साथ
जिनकी काव्य पंक्तियों ने मेरे अवकाश को उज्ज्वल किया
और इस कृति को गरिमा प्रदान की, इसलिए साभार...

धरती पे' शबनम

1 जनवरी, 2015

एक जनवरी। नये साल का पहला दिन। कड़ाके की ठंड के बीच सी-सी करता आया नया साल। सुबह से शाम तक सूरज के दर्शन नहीं हुए। जाड़े में मेह-मावठ[1]। सब भीगा-भीगा सा। नये साल का पहला दिन भी ऐसा ही भीगा-भीगा सा रहा है।

आज सर्दी ने बिस्तर बमुश्किल छूटने दिया। इस मावठ ने शहर से दूर खेतों को भी नये साल के साथ चिन्ता सहित शामिल कर दिया। ज़्यादा चिन्ता धनिये की। सरसों-गेहूँ तो मावठ में अमृतपान कर रहे हैं पर दुबला-सा धनिया जाड़ा कम ही सह पाता है बेचारा।

बीते बरस का घोर आलस इस नये वर्ष की दहलीज़ तक नहीं लाने की भरसक कोशिश के बावजूद अपना नया साल दोपहर बाद ही शुरू हो सका। बाबा नागार्जुन ने अपनी एक कविता में कहा है—

नये गगन में
नया सूरज जो
चमक रहा है
ये विशाल भूखंड
आज जो दमक रहा है
मेरी भी आभा है इस में।
सनातन सूर्य ती आभा में नवीनता का नैवेद्य।

गगन आज धरती पे' शबनम बिखेर रहा था। धरती धुन्ध के दुशाले में लिपटी थी। बुझते-सुलगते अलाव देह में रक्त के संचार को गति बख्शे हुए थे। सूरज दिखा ही नहीं, न नया, न पुराना। 31 दिसम्बर, 2014 को भी कमोबेश यही हालात रहे।

सुबह से नहीं निकला सूरज
दुबका रहा
बादलों के पार अपने घर

भीगी-भीगी-सी धरती
काँप रही थर-थर
सूरज ने अपने रोशनदान
बन्द ही रखे आज
ऐसी सर्दी, वैसी सर्दी की
बतकही के बीच
नवयौवनाओं के चेहरों पर आभा
दिखी भरपूर
दूजे दिन सुबह
धरती के बिस्तर पर खिले थे फूल...

---

*सर्दी के मौसम में होनेवाली बारिश

बिगड़े मौसम का मिज़ाज

2 जनवरी, 2015

मौसम आज भी वैसा ही, कल परसों जैसा ही रहा। रुक-रुक कर हलकी बारिश। कभी बूँदा-बाँदी। जाड़े की जकड़न कमतर होने का नाम नहीं ले रही थी। शाम को घर से निकला तो हमारे मित्र माटसाब दुर्गाशंकर जी के यहाँ दाना-पानी का इन्तज़ाम भी हो गया। अकेला था। 'दाने-दाने पर लिखा है खानेवाले का नाम' कहावत चरितार्थ हो गई मित्र की कृपा से।

मित्र दुर्गाशंकर जी उम्र में दो-तीन साल बड़े हैं, सो उनकी धर्मपत्नी के हिस्से भाभी जी का ही सम्बोधन आया। दोनों बड़े ज़िन्दादिल। मेरी कविताओं के प्रथम श्रोता अक्सर ये ही रहे हैं। कविता को कितना पकड़ पाते, यह तो साफ़-साफ़ नहीं कह सकता पर सुनते पूरी तन्मयता से (उनके गले उतरती तो मुझे भी लगता कविता में असर तो आया कुछ)। आज उनके यहाँ भोजन के बाद, मैंने कुछ नया इन दिनों लिखा नहीं था तो, अपने पसन्दीदा कवि और अग्रज पवन करण जी की कुछ कविताएँ उनको सुनाईं। गाजर का हलुवा खाते-खाते। जीभ, खाँसी और ताने, कविताओं ने उनके ज़ेह्न में अपनत्व की नई खिड़कियाँ खोलीं। रिश्तों के बीच पड़े शक्कर के एक दाने में मिठास की पूरी मौजूदगी का अहसास कराती पवन करण की कविताएँ सूक्ष्मता से विराटता का आसमान खोलती हैं।

जिसे मैंने अधूरा रख दिया पढ़कर
मैं उस किताब के पन्ने पलटता हूँ
मुझे उसमें तुम्हारा दिया एक ताना रखा मिलता है
मेरी सभी किताबों का यही हाल है
तुम्हारे दिये तानों से भरी हैं वे

तुमसे प्रेम करना आसान नहीं रहा
तुम्हारे साथ-साथ तुम्हारे तानों से भी
करना पड़ा मुझे बराबर प्रेम

और भी कई बातें हुईं नये-पुराने साल की आवाजाही को लेकर, लेकिन मौसम का जिक्र छुड़ाये न छूटता। गाँव में होते तो इतनी रात तक माँ घर से बाहर न निकलने देती; कहती—"कोहड़ो पड़यो छै, क्हाँ जावैगो ई कोहड़ा मं"।

मौसम ने अचानक जब भी अपने लिबास बदले, सबसे पहले माँओं ने उसके बहुरूपियेपन की पोल खोलते हुए, बच्चों को आगाह किया है। ऐसे मौसम में आग भी बालक सदृश्य हो जाती है। बच्चों-सा स्नेह मिलता है आग को कोहरे के दिनों में। तपळै-अलाव की लपटों और घूग्घी की चटकन से उठी चिन्गारियों से कई बुजुर्गों की धोतियों में बारे[1] इन्हीं दिनों पड़ते रहे हैं।

इन्हीं दिनों, किसी की याद की सीढ़ियाँ बनता है ऐसा मौसम, भीगा-भीगा सा। रोज़ सुबह नहाने के बाद दाँतों की किट-किट कस रही होती है सूरज की दुपहर।

बिगड़े मौसम के मिज़ाज में शामिल है
तुम्हारे अपने बसन्त का बाँकपन
तुम्हारी हथेलियों पर पड़ा होगा पाला
इन दिनों
ठिठुरन से अकड़ी पैरों की अँगुलियाँ

ख़ूब आग में तप रही होंगी
इन दिनों का मौसम
उन दिनों की सिहरन से
करा रहा है परिचय
बिगड़े मौसम के मिज़ाज में शामिल हैं
अपने सुधरे हुए दिन।

---

1. छेद

तुम्हारे चेहरे-सा चाँद

3 जनवरी, 2015

मौसम आज भी कुछ ख़ास नहीं खुला। सुबह थोड़ी बूँदा-बाँदी हुई तो दूजे पहर सूरज थोड़ी झलक दिखा फिर बादलों की ओट में जा छिपा। चौथे पहर की शुरुआत फिर दिखी पर जाड़े में जकड़ी हुई। अधखिले फूल की तरह जिसे मौसम बदलने पर खिलना था पूरी तरह। चाँद तो किस पहर उगता है, किस पहर होता है ओझल। कोई नहीं याद करने वाला। ऐसे जाड़ों में आकाश के चाँद से अधिक ख़ूबसूरत लगते है घर के चाँद।

सूरज जब नहीं तप रहा है
जाड़े के दिनों
धरती से दूर
बादलों के पार
किसी नई धरती की तलाश में
भटक तो नहीं रहा होगा
चाँद चल रहा होगा इन दिनों
कछुआ चाल
धरती की ओर
ख़रगोश-सा दौड़ेगा सूरज
जब छँट जाएँगे बादल
साँझ को थक-हार डूबने को होगा
जब सूरज
मेरी स्मृति के आकाश में चल रहा होगा
मन्थर तुम्हारे चेहरे-सा चाँद।''

दूर देश टर्की का पाक चाँद पिछले कुछ महिनों से कोटा में दमक रहा है अपनी निर्मल हँसी के साथ। नाम है 'जुलेहा'। टर्की निवासी जुलेहा से मुलाकातें

गत तीन–चार माह में तीन–चार बार ही हुईं। वो भी अम्बिका दत्त जी के साथ उनके मित्रों से मेल–मुलाकात के दरम्याँ। दरअसल जुलेहा फ़िल्मकार सर्वेश हाड़ा की दोस्त है। जुलेहा किसी एनजीओ के काम से भारत में है।

अम्बिका दत्त जी के साथ रहते हुए सर्वेश जी से मुलाकात होती। तो जुलेहा से भी अनायास मुलाकात हो जाती। जुलेहा को हिन्दी शब्दावली कुछ–कुछ समझ आ जाती। वो नमस्ते करती तो अम्बिका जी नमस्ते के अभिवादन–उत्तर के साथ ठहाके की मिश्री घोल देते। अक्सर मिलने और विदा होने के समय हमारे बीच संवाद की सड़क पर मील के पत्थर–सा शब्द था 'नमस्ते'।

आज शनिवार। अम्बिका जी के कार्यालय का अवकाश। हमारा मिलना अक्सर शनिवार को ही होता। हमने दूरभाष पर निश्चित किया कि आज सार्वजनिक मंडल पुस्तकालय चलना है और कवि नन्द चतुर्वेदी, जिनका 2014 के अन्तिम दिनों में देहान्त हो गया था, जो 'यह समय मामूली नहीं' के आगाहकर्ता थे, की कुछ किताबें पुस्तकालय में ढूँढ़नी थीं। अम्बिका दत्त जी के घर पहुँचा तो तय हुआ कि सर्वेश जी भी वहीं पुस्तकालय में मिलेंगे।

हम दोनों पुस्तकालय में किताबें ढूँढ ही रहे थे कि पहले 'नमस्ते', जुलेहा का 'नमस्ते', 'ठहाका' अम्बिका दत्त जी का 'ठहाका'। दोनों ही परिचित। हम चारों अलग–अलग रैकों में अपनी–अपनी पसन्द की किताबें ढूँढ़ने में लगे थे। तभी जुलेहा की शिशुवत चहकने की आवाज़ ने ढूँढ़ते हुए सन्नाटे को तोड़ा। जुलेहा के हाथ में हरिवंशराय बच्चन द्वारा अनूदित उमर ख़ैय्याम की रूबाइयों की एक छोटी–सी पुस्तिका लग गई, सर्वेश जी की मदद से। उमर खैय्याम, नाम सुनते ही जुलेहा हमें अँग्रेज़ी भाषा और घुली–मिली–सी अरबी, कुछ हाथों के इशारों से उमर ख़ैय्याम के बारे में, जो वो जानती थी, बताने लगी। उमर खैय्याम फरोम अफगानिस्तान। अम्बिका जी : येस–येस। फिर जुलेहा ने जो बात शराब और इस्लाम को लेकर कही कि जन्नत में जब शराब की नदियाँ बहती हैं तो धरती वाले धर्म के नाम पर शराब की मनाही क्यूँ करते हैं भला। कुछ ऐसे ही साफ़ ख्यालों को ज़ेह्न में लिए हुए है टर्की की यह पाकीज़ा मुस्कान वाली जुलेहा। सर्वेश जी बता रहे थे—जुलेहा सूफ़ीज़्म की ओर ख़ास आकर्षित है।

इस्लामिक देश टर्की की जुलेहा। उम्र कोई बीस के आस–पास होगी। अरबी सौंदर्य की झलक लिए जुलेहा बेहद ख़ूबसूरत। शक़्ल–सूरत से ही नहीं मन से भी। भारतीय कला–साहित्य और संस्कृति में गहरी रुचि रखने वाली जुलेहा। किसी दिन इन्हीं स्मृतियों की पोटली सम्हाले अपने देश टर्की लौट जाएगी। पुस्तकालय से निकले तो ट्राफिक गार्डन के पास ही गुमटी पर चारों ने एक–एक कप चाय पी और थोड़ी देर बाद विदा ली।

''जुलेहा के नमस्ते में
ओबामा के नमस्ते-सी कूटनीति नहीं है शामिल
भारत को बाज़ार की तरह नहीं
देश की तरह
देखती है जुलेहा।''

उस्तरे की धार से कटती उदासी

5 जनवरी, 2015

हिन्दी के सुप्रसिद्ध कवि विनोद कुमार शुक्ल ने अपनी एक कविता में नाई की दुकान और दुकान में लगे बड़े-बड़े शीशों का ज़िक्र करते हुए कहा है—इन शीशों में आता हुआ व्यक्ति जाता हुआ, तो जाता हुआ व्यक्ति आता हुआ नज़र आता है। मेरा एक मित्र है जो कुछ वर्षों से सैलून की दुकान इस शहर के एक चौराहे के बगल में लगाये हुए है—स्थिर नाम—मुकेश मोरवाल। कविता का शौक़ और जज़्बे ने कविताई की हूँस को तो बरक़रार रखा, पर लाख कोशिशों के बाद भी कलम की धार भोंथरी ही रही।

कुछ कविताएँ लिखीं, जिन्हें बहुत बरसों से सुना रहे हैं, और होने तक उनकी कविताओं का होना जारी रहेगा। उन्हें कुछ और लिखने के लिए कहा जाता तो वो संकल्पित हो जाते। पर तुकबन्दियों से आगे कुछ बात नहीं बनती। मेरी और उसकी मित्रता एक दशक से थोड़ी अधिक पुरानी है। अमूमन जितनी बार उस सड़क से निकलना होता, दुआ-सलाम होती ही है।

आज बैठक कुछ ज़्यादा हुई तो बातों ही बातों में अगल-बगल के पड़ोसी दुकानदारों के जीवनचर्या के क़िस्सों की लड़ी-सी जुड़ गई। बात आलस्य को लेकर शुरू हुई तो शर्मा जी पानवाले, आलस्य के प्रथम विजेता निकले। तीन दुकानें, दो सैलून और एक पान। दो सेन साहब और एक शर्मा साहब। बात आलस और बेफ़िक्री की चल निकली तो शर्मा जी का पहला नम्बर लगा। बोले—"सर्दियों का मौसम है भाई साहब। धूप निकले तो ही दुकान खुले, नहीं तो कौन ठिठुर ठाकुर जी हो।" शर्मा जी सुबह की सैर पर निकल जाते तो मार्केट की सभी दुकानें खुल जाने तक तो अपनी बन्द दुकान के सामने की सड़क पर धूप सेंकते रहते। बातों के बादशाह। जिनकी बातों का ख़ज़ाना अकूत। फटे में टाँग फँसाना शर्मा जी की ख़ास पहचान है। क्यूँ कि शर्मा जी का वक़्त अपनी दुकान पर कम अगल-बगल की दुकान पर अधिक कटता। दुकान खोल भी लेते तो अपनी ही दुकान पर ग्राहक की तरह खड़े रहते। कोई ग्राहक आता हुआ दिख जाता तो लपक कर अपने काउंटर के

भीतर जा खड़े होते। ग्राहक निपटाया नहीं कि दो दुकान दूर दूसरे सेन साहब की दुकान में चेहरा देख वापिस लौटने की बजाय वहाँ ग्राहक-सी मुद्रा में खड़े-खड़े अपनी टाँग टेढ़ी करे ही रहते। बात का कोई सिरा हाथ लगा नहीं कि हो जाते शुरू।

बातों ही बातों में पहले वाले सेन साहब की दुकान तक सरक आते हैं। आज शाम को मैं इन्हीं आदतों का बखान कर ही रहा था कि मोरवाल साहब के भाई साहब बोल पड़े—''म्हाकै बन्टी ई स्याळै-स्याळै तौ दस बज्यां ई दुकान पैं आवै छै।'' भाई साहब अपनी बात पूरी करते कि उससे पहले ही मोरवाल जी बोल पड़े—''अपने तो देखो सर्दी का संकट है भाई साहब। सुबह-सुबह नहाने जैसा कठिन काम नहीं होता और ऊपर से दमे का धमका। आराम से आना। सब काम आराम से।''

सही कह रहे थे मोरवाल जी। वाक़ई वो बहुत आरामी जीव हैं। इतना आरामी की उन्हें आराम और आलस्य का अन्तर अब न के बराबर ही पता है। कुछ वर्ष पहले तक जब गुमटी में अपने घर के बाहर ही सैलून चलाते तो शेविंग करनी हो या कटिंग, टॉवल लपेटकर कर चले आते। और बनियाण के ऊपर शर्ट पहनकर चले आना उन्हें घर के घर में और घर के बाहर गवारा न था। आज जब उनको मैंने याद दिलाया कि तुम कितने आलसी रहे यार। लोगों की शेविंग के बाद दो बरस तो फिटकरी के बजाय मारबल ही घिसते रहे। और लोग तुम्हारी जलेबी-सी बातों में अपनी जलन बिसर जाते। लोग भी ऐसे ही थे जिन्हें तुम्हीं से शेविंग-कटिंग का चस्का लगा था। तभी मोरवाल हँसी-ठहाकों के बीच बोल पड़ा—''अरे यार, वो तो एक बार क्या हुआ कि शेविंग बनाते समय किसी के 'कट' लग गया। ख़ून निकला तो फिटकरी भी लगाई पर कोई असर नहीं होता देख फिटकरी पर सवाल उठना लाज़मी था। ग्राहक ने फोड़ने को कहा तो पत्थर फूटने जितनी ताक़त से फूटी कभी न घिसने वाली फिटकरी। खुली पोल को जैसे-तैसे बातों के अस्तरों से ढँका।

इतने में दूसरी दुकान वाले भाई साहब ने अपना क़िस्सा शुरू कर दिया। बोले—''कई ग्राहक शेविंग के लिए कुर्सी पर बैठते और मोबाइल पर बात करने की गुंजाइश आज़माना शुरू कर देते हैं। कहने लगे-एक बार एक ग्राहक की दाढ़ी के लिए क्रीम-साबुन लगाया कि मोबाइल आते ही बात शुरू कर दी। दस-पन्द्रह-बीस, आधा घंटा कुर्सी पर बैठे-बैठे संसार भर की बतिया लिये। बात पूरी हुई तो मैंने टोका। तो वो नाराज हो गये। फिर मैंने कहा—''आप नाराज़ न हों, मेरा मोबाइल फोन आ गया तो फिर दो घंटे कुर्सी पर लिपे-पुते ही बैठना पड़ेगा।''

सेन साहब के फोन के साथ काम में आलस्य का प्रवेश होता है। मोबाइल की घंटी बजी नहीं कि फिर गए घंटा-दो घंटा। उन्हें बहुत सारी बातें करनी होती हैं मोबाइल पर। प्रेम उम्र के चौथे दशक में भी बरकरार है उनका। वो अब भी उम्र के

इस चालीसवें घुमाव पर किसी भी तरह की पारिवारिक घटना के तनाव से मुक्त हैं। तीनों में अपने-अपने मिज़ाज की पूरी ठसक बोलती है। आज तो शर्मा जी ने गज़ब ही किया। उन्हें अपने बचत अभिकर्ता को कुछ जमा करने के लिए रकम देनी थी। उससे शर्मा जी का तीन से पाँच बजे तक आने और मिलने का वक़्त तय हुआ। यह वक़्त शर्मा जी के आराम और घर जाने का होता है। इस दरम्याँ दुकान भी शर्मा जी बन्द ही रखते हैं।

मैंने पूछा—''शर्मा जी किस का इन्तज़ार कर रहे हो।'' शर्मा जी बोले—''नागर साहब—उसको किस्तों में पैसे देने हैं, वो आएगा।'' मैं बोला—''तो दुकान खुली रखकर भी उसका इन्तज़ार कर सकते हो।'' शर्मा जी बोले—''घर जाकर चाय पीकर आऊँगा, फिर खोलूँगा। शर्मा जी दो घंटे अपनी बन्द दुकान के बाहर खड़े-खड़े बचत अभिकर्ता का इन्तज़ार करते रहे।

दिन का यह क़िस्सा शाम को सुनाया तो तीनों-चारों दुकानें ठहाकों से भर गईं। तीनों पड़ोसी दुकानदार, दुकानदार कम मनुष्य ज़्यादा हैं, जो मनुष्य की तरह जीवन जीने की जद्दोजहद में सन्तोष के साथ आलस्य से भरपूर जीवन जीते हैं। मुस्कुराहटों से भरा, अभावों की कँटीली झाड़ियों को सावचेती से हटाते हुए अपने दिनों को साबुत बचाये हुए हैं ये तीनों पड़ोसी दुकानदार।

रात के दस बज गये। इतनी रात तक सेन साहब दुकान पर कभी नहीं टिके। यूँ वो कहते हैं कि दुकान बन्द करने के बाद कभी रात के दो-तीन बजे तक मोबाइल पर बतियाते रहे हैं वो बेझिझक। प्रेम की बातें करते हुए कोई आलस्य नहीं फटकता इर्द-गिर्द। सेन साहब के कहे से तो ऐसा ही लगता है।

''मामूली से समझे जानेवाले लोगों के बीच
समृद्धि नहीं
सुकून था यहाँ
यहाँ लगे आइनों में सँवरा हुआ था हर शख़्स
यहाँ बातों की नदी बहती है अपनी मौज
यहाँ से ख़ुशी-ख़ुशी
निकलता है कोई मज़दूर
अपने धूल भरे उलझे बालों में घुमाता है कन्घा
दुकानदार के हाथ में रखता है
सौ बँधा नोट
उस्तरे की धार से कट जाती है उदासी
बालों में फिरती उँगुलियों से

लग जाता है क्षणिक स्मृतियों का कुम्भ
ये वो लोग हैं
जिन्हें नहीं होना कुछ भी
नहीं कहीं जाने की हड़बड़ी में दिखते हैं ये
कत्थे में दूध ज़्यादा
चूने में पानी कम हो तो भी
नहीं बिगड़ने देते
जीवन का ज़ायका/ज़िन्दगी का रंग।''

पहियों के बीच, साँसों की आवाजाही

7 जनवरी, 2015

सर्दियों में दिन छोटे, रातें लम्बी। सूरज के उगने का पता लगता तो अनमना-सा ढल भी जाता। सर्दियों में धूजणी छूटना आम प्रभाव की परिणति है लेकिन हमारे चाँद भाई को सर्दियों से बड़ा डर लगता है। पिछले डेढ़ दशक से गाँव से शहर का रुख किया। हमारे चाँद भाई की स्टील फर्नीचर की दुकान ही हमारा असल ठिकाना है। अपरिचित लोग मुझे भी दुकान मालिक समझ लेने की ग़लतियाँ कई बार कर चुके हैं। सोचते, चाँद भाई का छोटा भाई होगा, जो अक्सर यहीं टिका रहता है। टिकना भी एक-दो माह का नहीं, डेढ़ दशक की निरन्तर उपस्थिति, चाँद भाई के स्नेह का प्रतिफल है जो कि अब भी बदस्तूर जारी है।

आज चाँद भाई दोपहर को ग़ायब रहे तो रिक्शेवाले भी कुर्सियों पर आ टिके। रिक्शेवाले जो चाँद भाई के बिके हुए स्टील फर्नीचर को ग्राहक के घर तक लाद कर ले जाने के कार्य की निरन्तरता से जुड़े हुए हैं बरसों से। सर्दियों में बाज़ार की रौनक भी छोटे दिनों की चपेट में आ जाती है। चाँद भाई की दुकान से अक्सर तीन रिक्शेवाले ही फर्नीचर ढोया करते हैं—भाऊ, आजाद और बनवारी। तीनों के ज़िन्दगीनामे पेज दर पेज आज बातों ही बातों में खुल गये।

पहली बात—भाऊ की। भाऊ जात से सिन्धी है। जब भी बात शुरू होती—साँप और सिन्धी की कहावत, खट्टी इमली की तरह बीच में टपक ही जाती है। भाऊ बहुत मेहनती है। बरसों से फर्नीचर मार्केट में रिक्शा पर सामान ढोकर अपना गुजर-बसर कर रहा है। ऐसी सर्दी में भी वो एक अदद 'बुसैट' के पाण[1] दिनभर रिक्शा चला लेता है। चाँद भाई अक्सर कहा करते—कुछ पहना करो भाऊ। मर जाएगा ऐसी सर्दी में। भाऊ कहता—क्या सेठजी, अभी तो दिन के बारह बजे हैं, मैं तो सुबह पाँच बजे भी एक पतला-सा स्वेटर पहनकर निकल लेता हूँ।

भाऊ की मेहनत और हिम्मत से दूसरे रिक्शेवालों को बड़ी ईर्ष्या होती है।

---

1. बुशर्ट के दम पर

किसी की मेहनत से ईर्ष्या। ऐसी मेहनत कि दूसरे के भीतर ईर्ष्या का भाव जाग्रत कर दे। तो भाऊ था ही ऐसा। दूसरे रिक्शेवाले ग्यारह बजे बाज़ार में आते। उससे पहले तो भाऊ दो तरह के काम निपटा लेता। मैंने पूछा तो भाऊ ने अपनी दिनचर्या के बारे में बताया कि वो सुबह घर से शौच के लिए नीमअँधेरे निकलता है तो रिक्शा साथ ही होता है। मुँहअँधेरे अली-गली, सड़क के अगल-बगल जो कबाड़े में बिकने लायक़ या फिर शराब और बीयर की बोतलें पड़ी मिलतीं उन्हें उठाकर रिक्शे में डाल लेता। घर मैं इकट्ठी करता और कबाड़ी को बेच देता। ऐसे भाऊ सौ रुपये जितना काम तो अलसुबह तक ही कर लेता।

फिर उसके बाद भाऊ? मैंने पूछा। फिर क्या—रिक्शा ले कर सब्जीमंडी। दस-बीस-पचास किलो पालक-मेथी ले लेता। मोहल्लों में पालक-मेथी कम मुनाफे में बचे देता। दो-ढाई सौ तो हाथ लग ही जाते। कभी ऐसा भी होता कि घोड़े से घिसाई महँगी पड़ जाती। लेकिन सब राजी ख़ुशी है भाई साहब-बस मेरा कर्ज़ा चुक जाये।

इतने में मेरा माथा ठनका। व्यक्ति को कर्ज़ा पागल कर देता है, कर्ज़े का ब्याज मूल से चार कदम आगे चलता है। भाऊ ने बताया कि पुराने नोहरे में उसने अपना डेढ़ कमरे का घर लिया है। बकाया रकम किश्तों में ब्याज सहित चुका रहा है। चुक जाएगा तब उगे सूरज में आँखें खोलने जितना सुकून नसीब होगा। इतने तक तो अँधेरे से अँधेरे तक सिर्फ़ खपना और खपाना है ख़ुद को। आगे राम जी की मर्ज़ी। इतने में सामने के दुकानदार ने आवाज़ लगाई तो भाऊ ने फटाफट बातों की पोटली समेट रिक्शे के हत्थे को पकड़ लिया।

''उसे अलसुबह से रात तक
बनाए रखनी है अपने रिक्शे की गति अभी
लाँघने हैं ब्याज के ब्रेकर
उसके आगे कर्ज़ की चलती सड़क है
लम्बी, बहुत लम्बी
फिर भी भाऊ
जीवन से भरा है अभी
हौंसले से भी
सप्ताह भर सरसों का तेल हथेली में ले
थोड़ा पानी मिला
बालों में लगाता
फिर हँस देता तो
जीवन के हँसने का पता मिलता

उसकी हँसी में।''

दूसरा रिक्शेवाला आज़ाद। उसका मानना था कि वो रोज़ रात को पव्वे-दो पव्वे शराब के गटक लेता है। पीने के बाद पूरा मर्द नहीं तो भीगी बिल्ली-सा मानता अपने-आप को।

भाऊ उठकर चला गया तो बातों की बतंगड़ में आज़ाद निशाने पर आ गया। मैंने कहा—आज़ाद पीते क्यों हो? दिनभर रिक्शा चलाते हो। इतनी मेहनत से कमाये रुपयों को कुछ घंटों की मदहोशी में खो देते हो। बोला—क्या करूँ भाई साहब, मेरा डोकरा (पिता) फैक्ट्री में अच्छी ख़ासी नौकरी करते हैं लेकिन पाँच भाइयों में सबसे कम मेहरबानी मेरे ही हिस्से में आई है। डोकरा रोज़ शराब पी लेता है, छूटते गालियाँ देता है तो बराबर टक्कर के लिए पव्वे-दो पव्वे गटकने ही पड़ते हैं। जिस दिन सादगी में रह लूँ, उस दिन घर में एक तरफ़ा कोहराम और जीत का ढिंढोरा सुहाता नहीं मुझको। इसलिये जो बिन पिये नहीं कह पाता वो सब पीने के बाद बेथाक हो जाता है।

''हंगामा है क्यूँ बरपा, थोड़ी सी जो पी ली है
डाका तो नहीं डाला, चोरी तो नहीं की है।''

—अकबर इलाहाबादी

ग़म और अवसाद की छूमन्तरी में शराबी कलवे का चलन पुराना है। कई फ़िल्मों में बेवफ़ा प्रेमिका की रुसवाई में प्रेमी नायक हाथ में कुछ ले न ले वो शराब की बोतल से सबसे पहले याराना गाँठता है। आजाद ने शराब की शान में कशीदे गढ़े तो तीसरा रिक्शा वाला भी तपाक से बोल पड़ा—पीता तो मैं भी हूँ पर क्या मजाल साला जो आपे से बाहर हो जाऊँ। पीते हैं पर तरीके से। लुगाई भी खुश, मैं भी खुश। लुगाई की बात चली तो आज़ाद बीच में बोल पड़ा—जाने कहाँ से ले आया। उड़ीसा से। न बानी समझ आवे न पानी।

कौन आदमी होगा जो अपनी औरत की बुराई सुनेगा। बनवारी तपाक से बोल पड़ा—तुम्हें भी चाहिए, कर तीस-चालीस हजार का इन्तजाम। ला दूँगा। औरत तीस-चालीस हज़ार में। मैंने बनवारी से पूछा तो कहने लगा—हाँ भाई साहब, लुगाया कहाँ धरी है। वहाँ तो बहुत गरीबी है। बाक़ायदा शादी करके विदा करते हैं, खर्चा तो करना ही पड़ता है। कुँवारी, तलाकशुदा, छोरा-छोरी साथ हों तो अलग। सबका अलग-अलग रेट है। क्या करे ग़रीबी ही इतनी है कि पालना मुश्किल है।

बनवारी की बातों ने मुझे भीतर तक हिला दिया। अभी भी औरत मंडी में एक वस्तु की तरह बिकने को तैयार है देश के किसी न किसी कोने में। महिला सशक्तिकरण और उसकी अस्मिता के सवालों पर घंटों टीवी पर बहस करनेवालों

की बकबक से भी बाहर ऐसी औरतों की अलग दुनिया बसती है जहाँ तरक्की का कोई सूरज अपनी रौशनी नहीं ले जा पाता। बातों ही बातों में दिन ढलने को हुआ। चाँद भाई भी आ गये। रिक्शेवालों ने भी कुर्सियाँ छोड़ दीं।

''इन रिक्शेवालों का दम फूलने तक
गुड़कते हैं रिक्शों के पहिये
एक सनातन समय का
दूजा अपने समय का पहिया
उनकी ढोई मेज-कुर्सियों पर
दिनभर देर रात तक टिकी रहती
हमारी थुंथली व्यवस्थापिका
इनके पहुँचाए सोफ़ों पर पसरती
अमीर थकान
हर सड़क के अवरोधों से
इनकी पगथलियों की पुरानी पहचान है
शहर के फुटपाथों पर मौजूद
इनकी रैन-बस्ती
रोज़ सुबहो-शाम इन्हीं फुटपाथों पर
सिंकती है इनकी भूख
समय की आँच में
रोज़ तपती हैं इनकी हथेलियाँ
अरमानों की उड़ानवाली हवा
दोनों पहियों के बीच बने भँवर में फँसी है
साँसों की आवाजाही।''

जिसकी जैसी दृष्टि

24 जनवरी, 2015 (बसन्त पंचमी)

बसन्त पंचमी कलाओं और किताबों के दुनियादारों के लिए विशेष दिन। महाकवि निराला ने बसन्त को ऋतुराज और स्वयं को बसन्त का अग्रदूत कहा है—

"ईर्ष्या कुछ नहीं मुझे यद्यपि। मैं ही बसन्त का अग्रदूत"। बसन्त में नव हर्ष, नव उमंग से हमारे मन-प्राण पुलकित होते हैं। ऐसी पुलक से भरे दिन रहे...मेरे जयपुर लिटरेचर फेस्टिवल में बिताये तीन दिन। कवि अम्बिका दत्त जी के सानिध्य में 21, 22, 23 जनवरी का दिन जयपुर लिटरेचर फेस्टिवल में उत्साह और उमंग के साथ गुज़रा।

जयपुर लिटरेचर फेस्टिवल पिछले एक दशक से गुलाबी नगर में होता रहा है। दुनिया भर के लेखकों का जमावड़ा आज विश्व में जयपुर को नयी पहचान दे रहा है। विभिन्न भाषाओं के नामचीन लेखकों और कवियों के इस जमावड़े में हमारी अपनी मायड़ भाषा[1] 'राजस्थानी' ख़ास महत्त्व रखती है। अम्बिका दत्त जी को इस साहित्य उत्सव में दो दिनों तक दो विभिन्न सत्रों में प्रतिभागी होने का अवसर मिला। ऐसा अवसर मुझे 2012 में मिला। जीवन के कई रंग इस उत्सव में हमें देखने को मिले। ऐसे रंग जिन पर अभीभूत होने का मन करता तो उत्सव के पाश्चात्य रंग-ढंग पर भावों का अतिरेक भी हो आता। कई नामी लेखक हस्तियों के दर्शन हुए।

जयपुर लिटरेचर फेस्टिवल के इस नायाब गुलदस्ते में कई रंगों के प्रसून खिले थे। मुझ जैसे कई लोगों के लिए यह उत्सव मेले और मेले में आधुनिकता के अविस्मरणीय तमाशे का प्रतिबिम्ब रहा होगा। जिसकी जैसी दृष्टि उसे यह फेस्टिवल वैसा दिखता। दुनियाभर की भाषाओं के इस महाकुम्भ में हर भाषा के आचमन का अवसर भाषायी समरसता की एक नदी के प्रवाह जैसा था। दुनिया के सुख-दुख। समानता के एक बिन्दु पर आकर ठहरे लगते तो कई भाषाओं के लहजे में सुनने वालों को अजरज से भर देने का नवीन माद्दा भी दिखाई दिया। भाषा की बात चली है तो हमारे राजस्थानी के प्रसिद्ध कवि एवं लेखक चन्द्रप्रकाश देवल जी की

1. मातृभाषा

एक कविता जो अभी मेरे ज़ेहन में ठहरी-सी है। कविता-निरन्तर सत्र जिसमें अम्बिका दत्त जी ने भी काव्यपाठ किया। इस सत्र का संचालन हिन्दी कवि अशोक वाजपेयी ने किया। इस सत्र में हिन्दी के एक और कवि विनोदकुमार शुक्ल की मौजूदगी अतिरिक्त आनन्द का अहसास करा रही थी।

चन्द्रप्रकाश देवल जी ने अपनी कविता में भाषा की ताक़त को संदर्भित करते हुए कहा कि—

''चीख़ भारी पड़ती है हमेशा
सारी इबारतों और
तमाम भाषाओं की वर्णमाला पर

अपनी चीख़ को सँजो कर रखो
सताये हुए लोगो की भाषा है यह''

साहित्य के इस मेले को देखने के दौरान इस चीख़ को सँभालकर रखने की बड़ी ज़रूरत महसूस हुई। मेला घूमना अचरज और असमंजस से भर जाना मुझ जैसे सामान्य बुद्धि के व्यक्ति के लिए साधारण-सी बात थी। इस मेले में राजस्थानी रंग भी ख़ूब देखने को मिला। राजस्थानी कवि-लेखक डॉ. चन्द्रप्रकाश देवल, डॉ. अर्जुन देव चारण, नन्द भारद्वाज, डॉ. राजेन्द्र बारहठ, मालचन्द तिवाड़ी, डॉ. आईदान सिंह भाटी और हमारे अम्बिका दत्त जी ने अपनी माटी की महक से सराबोर उपस्थिति से लोगों को अपनी धरती से जोड़ा। इस बीच एक रेबारी[1] इस पूरे मेले में सबसे आकर्षण का केन्द्र रहा। दरबार हॉल के सामने खड़े रहनेवाले इस रेबारी के साथ कई देशी-विदेशी सैलानियों ने तस्वीरें लीं। हमने भी एक ले ही ली।

इस उत्सव में राजस्थानी रंग सबको मोहित कर रहा था तो विनोदकुमार शुक्ल, अशोक वाजपेयी जैसे दिग्गज हिन्दी कवियों की उपस्थिति अपनेपन का अहसास करा रही थी। टीवी पत्रकारिता के लोकप्रिय चेहरे रवीश कुमार के साथ गुजरे लम्हे ख़ास महत्त्व वाले बने। हमारे मित्र सत्यानन्द निरुपम के सौजन्य से अम्बिका दत्त जी ने 'नुगरे के पद' रवीश कुमार को सुनाये तो वाह! वाह! की प्रतिध्वनि भाषा की मरजाद की कहानी बयाँ कर रही थी।

''जयपुर लिटरेचर फेस्टिवल
दुनिया भरके रंगों के फूलों का गुलदस्ता
जुबानें, जुदा-जुदा

---

1. राजस्थानी रेबारी

भावनाएँ एक-सी, तकलीफ़ें एक-सी
उम्मीदें एक-सी
आसमाँ भिन्न-भिन्न
भावों की बारिश एक-सी''

बड़-पीपल का जोड़ा

31 जनवरी, 2015

बेटी कई दिनों से गाँव लौटने की ज़िद कर रही थी। उस के लिए उसकी फ़रमाइश के अनुसार सामान खरीदे और महीने के अन्तिम दिन मेरे गाँव अन्ताना पहुँच गया। गाँव लौटना अपने आप में लौटने जैसा रहा है हमेशा मेरे लिए।

गाँव गया तो गाँव कुछ बदला-बदला सा लगा। पंचायत चुनाव की बयार सर्द मौसम में अभी भी सियासी गर्माहट लिए हुए थी। पता चला कि इस बार भी हमारी पंचायत में हमारे गाँव का सरपंच नहीं चुना जा सका। आपसी कलह की वजह से। गाँव में यह कलह पिछले 25 साल से व्याप्त है। राजनीति की खुरदरी ज़मीन पर भाईचारे के फूल कभी नहीं खिलते। हमारी पंचायत में तीन गाँव आते है। हमारा बड़ा और दो अन्य छोटे गाँव। छोटों की एकता के आगे हमेशा बड़ों की चतुराई पिछले ढाई दशक से नहीं टिक पा रही थी। ख़ैर! इस बार भी वही हुआ जो होता रहा है। होगा भी क्यों नहीं पिछली बार सरपंच की कुर्सी सवर्ण के लिए खुली थी तो गाँव के खेवणहार कहे जानेवाले परिवारों में ही खुली सियासी जंग हो गयी थी। जिन्हें एकता की मिसाल पेश करनी थी वही सत्ता की दौड़ में धावक बने थे। वो भी अलग-अलग।

फिर यही कुर्सी अनुसूचित वर्ग के लिए आरक्षित हुई तो भेदभाव की बेड़ियों में जकड़े रहे तबके में होड़-सी मच गई। होना क्या था? वही हुआ जो होता रहा था। इस बार भी 8 धावक इस दौड़ में शामिल हो गये।

गाँव, अब प्रेमचन्द के भोले गाँव नहीं रहे। शोषण है लेकिन हथियार और साधन बदल गये हैं। जागरूकता के नाम पर दिशाहीन रफ़्तार। मंज़िलों पर पहुँचने का जज्बा भी है तो सबकी मंज़िलें जुदा-जुदा। गाँव जो मेरी कविताओं में हमेशा मौजूद रहता है। गाँव जाना होता है तो गाँव के तालाब की पाल पर जाना मुझे जरूरी काम-सा लगता है। आज भी खाना खाकर सड़क की ओर निकला तो तालाब की पाल तक जाना हुआ। तालाब अब पहले जितना विशाल नहीं रहा। जैसा बचपन में हुआ करता था। पाल पर खड़े वर्षों से बड़-पीपल के विशालकाय पेड़ों में पीपल का

पेड़ कुछ वर्ष पहले धराशाही हो चुका था। बड़ अब अकेला था। पीपल, बड़ से पहले ही अपना अस्तित्व खो चुका था। बड़ भी पूरे बुढ़ापे के आगोश में था। पीपल के पहले धराशायी होने का रंज बड़ में चीन्हा जा सकता था।

''गाँव में एक तालाब है
एक बड़-पीपल का जोड़ा भी
तालाब की पाल पर
जोड़ा बिछड़ गया था
कुछ वर्ष पहले
बड़ ही बचा है अब अधिक बुढ़ाया
पीपल की जुदाई नहीं सह पा रहा था बड़
तालाब के पानी में आधा लेटा था
पीपल का विशाल तना
बड़ की टूटी साखें हरी थीं
घाव भी हरे थे पीपल के
कोई मरहम नहीं था किसी के पास
उनके दर्द की दवा जैसा।''

इंकलाबी आँधी में

10 फरवरी, 2015

"आज दस फरवरी है
बादशाह का पानीदार चेहरा
पसीने में तरबतर था आज
कोई खूँटी नहीं थी
बादशाह के आरामगाह में
जिस पर टांग कर निश्चिन्त हो सके
अपना नौलखिया कोट
सड़क से संसद तक
आम-आदमियों का रेला था
दिल्ली की आबो-हवा को मुट्ठियाँ मारते
युवाओं ने लिखी थी आज
राजनीति की नई इबारत।"

आज का दिन मफलर वाले केजरीवाल के नाम रहा। दिल्ली में इंकलाबी आँधी में देश की अग्रणी राजनीतिक पार्टियों के टिन-टप्पर उड़े हुए थे। एक आम आदमी का नया सियासी वजूद। दिल्ली की जनता ने लिखी थी नई तारीख़। हिन्दुस्तान के इतिहास में पहली बार कोई आम आदमी का प्रतिनिधि मुख्यमन्त्री की कुर्सी पर बम्पर बहुमत के साथ क़ाबिज़ हो रहा था। कइयों के दर्प के दरपण किरच-किरच हो गये थे। टूटे हुए काँच के टुकड़ों में अहंकार से भरे बादशाह के कई चेहरे थे जुदा-जुदा।

राजनीति के चक्रव्यूह को भेद कर विजय पताका हाथ में लिए पांडव दल में लौटे केजरीवाल से इस देश को बड़ी उम्मीद है। आज हर कोई उसे विकल्पहीनता के दौर में नवीन विकल्प के रूप में देख रहा था। मेरे मन में भी कई ख़्याल आन्दोलनरत् थे। ज़ेह्न में उपज रहे हर शब्द का अपना उद्घोष था। हर उद्घोष

इंकलाब की आँधी मेरे वजूद के दर्प को किरच-किरच कर रही थी। किस मिट्टी से बने होते हैं केजरीवाल जैसे लोग। जिन्हें एक वक़्त बाद हार मान लेना, ख़ुद की समाप्ति का पर्याय लगने लगता है।

''तुम किस मिट्टी से बने हो
जिसमें कई संकल्पों का लोच मिश्रित है
इतना जिद्दी होना कहा से सीखा तुमने
तुम्हें तुम्हारे भरोसे पर इतना भरोसा
यह अटल विश्वास
रक्त के कौन से कण में
घुला मिला था तुम्हें
जो आज सबकी शिराओं में कर रहा हैं
विचरण।
बदलने निकले थे तुम
आज दिल्ली बदल दी तुमने
राजधानी के चमचमाते चेहरे डूबे हैं गहन उदासी के
रसातल में
बादशाह के कानों में रातभर गूँजते रहे
तुम्हारी जीत के इंकलाबी उद्घोष।''

पड़ोसी का लड़का और वेलेन्टाइन-डे

14 फरवरी, 2015

बरसों हुए कि ख्वाब में कोई बरतन हाथ से छूटता हो, कोई टपकते हुए नल सा खलल होता हो, बूँद-बूँद। जीवन की स्मृतियों के ढेर कपास की मानिन्द एक तीली से मुट्ठी भर राख में कब के बदल चुके थे। न घोंसला था, न कोई चहचाहट। पंछी कब के बसेरा छोड़ चुके थे। दूर देस से लौट आने का हौंसला न था पंछियों में। पंछियों के लिए कोई सरहद नहीं होती। प्रेम और युद्ध के मध्य मुख्य कारक सरहद ही रही है हमेशा। जितने प्रेम, उतनी सरहदें, जितने युद्ध उतनी सरहदें। कोई ज़मीन जीतता, कोई दिल।

आज 14 फरवरी यानि वेलेन्टाइन-डे। दिल जीतने का दिन होगा। अपने लिए तो सब दिन एक समाना। आज भी रोज़ नींद में कोई दुःस्वप्न की धमक न थी। आँख खुलते-खुलते रोज़ साढ़े सात बज जाते हैं। आज भी वही साढ़े सात। उठा, दरवाज़े से अखबार उठाये, देखा अख़बारों को। अख़बार पढ़े कम जाते है इन दिनों। देखे ज्यादा जाते हैं। वो भी सरसरी निगाह से। अख़बारों में ख़बरों की कम सूचनाओं की रेलमपेल अधिक नज़र आती है। इसी रेलमपेल में से मेरे काम की छूटी हुई दो ख़बरें, आकाशवाणी न्यूज के लिए लिखवाई और निकल गया टहलने।

कॉलोनी के बाहर मुख्य सड़क तक पहुँचा था कि पड़ोसवाले अंकल जी का लड़का मिल गया। उम्र कोई बीस साल। कोई उसे अधिक गम्भीरता से नहीं लेता, न उसे, न उसके कहे को। सब कहते हैं उसके दिमाग में थोड़ा केमिकल लोचा है। लेकिन इन सब अविश्वासों और उलाहनों के बावजूद वो है कि अपने-आप को साबित करने की ज़िद में प्राइवेट संस्थान से आईटीआई का छात्र बना था। वह आज सुबह-सुबह ही अंकल जी की तगड़ी डाँट खाकर घर से निकला था। एक-दो दिन नहीं लौटने के लिए। मैनें पूछा-"क्या हुआ? कहाँ जा रहे हो?" बोला—"भाई साहब मेरे पेपर चल रहे हैं, मैंने बाऊजी से मोबाइल माँगा, दोस्त को फोन करने के लिए तो गुस्से में उन्होंने दो-दो मोबाइल फोड़ दिए।" मैंने कहा—"इसमें तुम्हारा क्या दोष है?" फिर बोला—"क्या करू भाई साहब, कहते हैं काम करो। अब

आप ही बताओ अभी मेरी उम्र ही क्या है बीस साल। यह ज़िन्दगी कोई दुबारा मिलेगी? मोबाइल भी नहीं दिलाते।'' यह कहते हुए उसने अपना रास्ता बदल दिया। वह रास्ता जो उसके दोस्त के कमरे तक जाता था।

मैं अकेला सड़क पर टहलता रहा लेकिन ज़िन्दगी और उसके उल्लास, उमंग के प्रति उसका लगाव देखकर रोमांचित हो गया। सोचने लगा-आज 14 फरवरी है वेलेन्टाइन डे। न जाने कितने युगल आज के दिन ''ज़िन्दगी न मिलेगी दुबारा'' के भय और हर पल के प्रति गहरी आश्वस्ति के भाव से इज़हार-ए-इश्क़ करते होंगे। जो आज सुबह-सुबह घर से निकला है परिजनों पर खीजता हुआ, कोई अंकुर फूटना था, उसके मन की कच्ची मिट्टी से। किसे फोन करने का मन था उसका। अपने बटुवे की छोटी जेब से अपनी सिम निकालकर। उसके पास मोबाइल नहीं सिम थी। दिमाग़ नहीं था, दिल था।

दुनियाभर के पिता इस दिन अपनी वयस्क सन्तानों के फोनों की घंटियों में चिन्हित रहते हैं बगावती सुर। कहने को खुला आकाश है परिन्दों के लिए। आज के दिन कई परिन्दे फड़फड़ाते रहते हैं अपने पंख, खिड़कियों के सींखचों से ताकते रहते हैं खुला आकाश।

पड़ोसी लड़के के पास सिम होना, कोई बड़ी बात नहीं है। बात है तो यह कि उसे बिना मोबाइल के अपनी सिम का इस्तेमाल करने का हुनर आता है। हुनरमन्द लोग ही प्यार कर सकते हैं। इन दिनों। वैसे भी किसी ने सच ही कहा है—''प्यार समझदार लोगों का काम नहीं है। तुलना की राह पर चले तो प्रेमी, पागल और कवि पर्याय के उड़नखटोले में साथ उड़ते दिखते है। ख़ुद के कवि होने का ख़्याल आया तब-तक दूसरा चौराहा पार कर चुका था। आज धूप में एक दम से तेजी थी। जैसे सर्दी ने आज ही अपने लिबास उतारे हो। अम्बिका दत्त जी की राजस्थानी कविता की पंक्तियाँ इस मौसम के मिज़ाज पर याद हो आई—

''तावड़ो तेज
अर बायरो नरम
मौसम मं जाणै
चैत को भरम''

दुनिया इन दिनों मौसम के परिवर्तन के छलावे और भ्रम से भरी हुई लगती है। जब-तक भ्रम बना रहता है, रिश्ते बने रहते है। हर कोई भ्रम बनाये रखने की ज़द्दोजहद में जुटा है लेकिन पड़ौसी लड़के के ज़ेहन पर भ्रम की परछाई नहीं पड़ी थी अभी। भरी दुपहरी की तरह था उसका लगाव जहाँ देह से परछाई को निकलने में, सूरज के ढलान पर जाने का इन्तज़ार करना था। स्याह रात का अन्दाज़ा

नहीं था उसे। उसकी रात और सुबह एक अदद सिम में बन्द थी, जो अक्सर दोपहर को दूसरों के मोबाइल में खुलती थी।

''पड़ोसी के लड़के में
दिमाग़ कम दिल ज्यादा था
मोबाइल नहीं था उसके पास
लेकिन सिम थी
सिम–भर सपने
उसके बटुये में कागज में लिपटे
धरे रहते आठो पहर
अक्सर दुपहर में
परचून या रिचार्जवाले की दुकान पर
अदद मोबाइल की तलाश में जुटता तो
दिल में खिल जाता पलाश
आज वेलेन्टाइन डे
सुबह–सुबह, खिलाने थे उसे
दिल की बगिया में गुलाब के फूल
भीतर ही भीतर मची होड़
जीत के लिए
ढूँढने निकला था मोबाइल
पड़ोसी का लड़का।

मुझे सन्तोष है यानी जैसे मछली की नींद पानी में

25 फरवरी, 2015

कुछ सुकूँ यूँ है जिन्दगानी में
जैसे मछली की नींद पानी में
—ज़रीफ़ निज़ामपुरी

पंजाबी की मशहूर कवयित्री अमृता प्रीतम ने लिखा है—

''किसी के आने से साँस बौराने लगे
उस काया का नाम
आनेवाले का नाम कवि हुआ''

24 फरवरी 2015 की शाम हमें भी—अम्बिका दत्त जी और मुझे, ऐसे ही कवि का इन्तज़ार था। कवि विश्वनाथ प्रसाद तिवारी। जो साहित्य अकादमी के अध्यक्ष हैं। पहली बार साहित्य अकादमी के अध्यक्ष और नामचीन हिन्दी कवि का कोटा आना हो रहा था। हम भीतर ही भीतर गहरे रोमांचित। वो घड़ी आ गई। वे कोटा के रेलवे स्टेशन के प्लेफार्म पर रेल के डिब्बे से एक अदद बैग काँधे पर लटकाये नीचे उतरे तो हमने दो अलग-अलग गुलदस्तों से उनका स्वागत किया।

मेरा तिवारी जी से पूर्व का परिचय था तो उन्हें मुझे पहचानने में देर न लगी। बरसों पहले 'दस्तावेज' पत्रिका जिसका सम्पादन तिवारी जी करते हैं, में मेरी एक राजस्थानी कविता का हिन्दी अनुवाद छपा था। कोटा के सर्किट हाउस में विश्राम का इंतज़ाम किया हुआ था।

कोटा में 'राजस्थानी कहानी पाठ' कार्यक्रम 25 फरवरी को साहित्य अकादमी की ओर से रखा गया था, इसी सिलसिले में तिवारी जी का कोटा आना हुआ था। तिवारी जी के सानिध्य में गुजरे दो दिन मेरे लिए निजी अनुभव के आसमानी विस्तार वाले रहे। सहज स्वभाव, सादा पहनावा, गाँधीवाद के प्रखर समर्थक तिवारी जी सही मायनों में साहित्य अकादमी के अध्यक्ष कम कवि अधिक लगे। यही उनके

प्रति वशीभूत हो जाने का बड़ा कारण रहा। गहरे आत्मसन्तोष से परिपूर्ण तिवारी जी की एक कविता इस सानिध्य-समय के दरम्याँ स्मृति में कौंधती रही-

"बची है धरती में जनम देने की शक्ति
बचा हुआ बादलों में भूरा रंग
मुझे सन्तोष है
बची है लकड़ी में आग
बचा है नींद में स्वप्न
मुझे सन्तोष है
बच गई हो
ओस की बूँद की तरह
बच्चे की ज़िद की तरह
मुझ में थोड़ा-सा तुम
मुझे सन्तोष है।"

तिवारी जी जैसे-जैसे कोटा के बारे में विस्तृत जानकार हुए यह शहर उनकी कल्पना से अधिक विस्तारित होता चला गया। वो अब तक कोटा को छोटा शहर ही मानते थे। कोटा साड़ी, कोटा स्टोन, कोटा कोचिंग वाला शहर। आपसी गुफ़्तगू में कोटा की एक और स्वादी पहचान उनको मिली। वो थी कोटा की मशहूर कचौरी। 25 फरवरी को सुबह के नाश्ते में कचौरी खिलाई भी। सर्किट हाउस के डायनिंग हॉल में अम्बिका दत्त, चाँद शेरी और मैं उनके संग नाश्ता कर रहे थे। बीती रात विदा के वक़्त तय हुआ था कि मैं कोटा की कचौरी लेकर ही सर्किट हाउस पहुँचूँगा, तो पहुँचा भी।

कचौरी की महिमा का बखान चला तो अम्बिका दत्त जी ने कहा—"इस कचौरी को पचाने की क्षमता भी चम्बल के पानी में ही है। चम्बल का नाम सुनते ही तिवारी जी ने चम्बल देखने की इच्छा प्रकट की। नाश्ता करने के बाद हम कार से शहर भ्रमण को निकल गये। कोचिंग वाले शहर के भी आभामंडल से रूबरू हुए तिवारी जी। छात्रों की रेलमपेल देखकर अचम्भे से भर गये। कोटा कभी राजस्थान का कानपुर कहा जाता था। अब कोचिंग का शहर हो गया, पिछले एक दशक से।

हम शहर में घूमते हुए भीतरिया कुंड चम्बल के किनारे पहुँच गये। देर तक चम्बल को निहारते रहे। कालीदास की चर्मण्यवती का भी जिक्र हुआ तो बाँधों से भिंची आज की चम्बल नदी का भी। तिवारी जी ने भीतरिया कुंड उद्यान परिसर में स्थित शिवजी के मन्दिर में दर्शन भी किये। वहाँ पसरी गंदगी पर अफ़सोस भी जताया। दुनिया भर की नदियाँ और उनके साथ मनुष्य के आचरण की बानगी यहाँ

भी जस की तस नज़र आई। चम्बल भी मनुष्य की कारगुज़ारियों का दंश झेल रही थी। दूजी पार थर्मल का धुआँ उगलती चिमनियाँ थी तो इस ओर घाट पर लत्ते पछिटते धोबी। गन्दगी आना उस ओर से भी और इस ओर से भी। तिवारी जी जैसे संवेदनशील कवि के लिए चम्बल नदी फिर भी कुछ-कुछ स्वच्छ थी।

दुनियाभर में नदियाँ, मानव सभ्यता के विकास की कहानी कहती हैं। चम्बल नदी के पठार पर सदियों पूर्व यहाँ की मानव सभ्यता का विकास हुआ था। लेकिन अब वैश्विक विकास के नारे ने चम्बल नदी के नैसर्गिक सौन्दर्य को बहरा कर दिया था। कुछ वक़्त चम्बल किनारे गुजारने के बाद हम सर्किट हाउस के लिए रवाना हो गये।

रास्ते में तिवारी जी की एक और कविता ज़ेहन में उद्वेलित होती रही—'आरा मशीन'

"अभी वह मेरे सीने से गुजरेगी
मेरे भीतर से एक कुर्सी निकालेगी
राजा के बैठने के लिए
राजा बैठेगा सिंहासन पर
और वन-महोत्सव मनाएगा।"

यूँ बिखर जाने का दुःख

14 मार्च, 2015

मार्च का महीना, कुछ दिन पूर्व तक सर्दी अपने दुशाले उतार रही थी तो सूर्य देवता अपनी आँखें तरेरने का अभ्यास करने में जुटे थे। तभी एकाएक मध्य मार्च में बादलों ने सूरज का दर्प अपने स्याह रंग से ढक दिया। वो भी गहरा स्याह रंग। दिन ढला ही था कि अंधड़ ने भी अपनी पोशाके हवा में उछाल दी। तेज अंधड़, फिर हलकी बौछारें फिर तेज अंधड़ और मूसलाधार बारिश। बेमौसम बारिश इतना परिवर्तित हुए लौट जाती तो अच्छा था। लेकिन उसे तो कुछ और भी करना था। अपने साथ तुषारापात लेकर आई थी। किसान के सपनों पर जो तुषारापात इस बार देखने को मिला, ऐसा कोई पचास बरस पहले हुआ बताया।

नीबू-नारंगी के आकार के ओले आसमान से बरसना शुरू हुए तो ऐसा लगा स्वर्ग के राजा इन्द्र ने पृथ्वीवासियों से युद्ध की मुनादी कर दी हो। कुछ ही मिनिटों में सर्प-सी स्याह शहर की सड़के बर्फ की सफ़ेद चादर से ढक गई। दरवाज़े पर पड़े ओले घर की दहलीज से रसोई तक आ धमके। इस बीच मेरी स्मृति में गाँव और फसलों की पकी उम्र से भरे खेत कौंध आए। गाँव में फसले तहस-नहस हो गई थी। गेहूँ की बालियाँ ओलों की बरछियों ने छाँग दी थी। धनिया स्याह रंग लेकर जमीदोज हो गया था। गेहूँ धरती पर बिछावन कर गये। किसान के सपनों की इस अर्थी में पुवाल से हो गये थे खेत। सब के मुख से यही निकल रहा था- "अब तो रहम करो भगवान खाबा का दाणा बी न्हं रहैगा, ई साल तौ—" हाड़ौती में हाहाकार मचा गया—मध्य मार्च।

किसान का जीवन ऐसी विपदाओं का प्रयोग-स्थान रहा है। हमेशा से। खेत में बोये गए बीज फसल बन कर घर तक नहीं आते, जब तक कुछ भी कह पाना खतरे से खाली नहीं रहता। इस बार रबी की फसल पर ही किसानों की सारी उम्मीदें टिकी थी। जीवन के सारे उत्सव और उल्लास इन्हीं फसलों को देख-देख परवान चढ़ रहे थे। सब जमीन पर थे। किसान मर रहा था, सरकार राहती बयान देने में मशगूल थी।

''मैं किसान हूँ
मेरी मौत की असल पड़ताल
नहीं करना चाहता कोई
भिन्न कारणों की तलाश में जुटा है
जाँच दल
कि सरकार के मुआवज़े के लिए
मर रहा हूँ मैं
काश! मेरे खेत के जुबाँ होती
मेरी मौत की गवाही मेरा खेत दे सकता
मैं किसान हूँ
मेरी गवाही में खड़ा गेहूँ
बेमौसम बारिश से धरती पर आड़ा पड़ा है
मेरी गवाही में महका धनिया
रोग से दुबला गया पिछले दिनों
सरसों की फलियों में भरे आक्रोश के बीज
दाना-दाना बिखरे पड़े हैं
मेरी अँगुलियों के खुरदरे पोरों से
नहीं सिमटता
यूँ बिखर जाने का दु:ख।''

मन ही मन विचार कर रहा था-कृषि प्रधान माने जानेवाले इस देश की प्रधानता कहाँ रह गयी है अब। सरकार भूमि अधिग्रहण के नाम पर इसकी जमीन कब्जाना चाहती है तो बेमौसम बारिश से खेती से मोहभंग। सरकार खराब का आंकलन प्रतिशत में करती है। पचास फीसदी खराब हो तो आपदा मानती है। यूँ सरकार की राहत नियम-कायदों में उलझकर फाइलों में ही बरस दर बरस दम तोड़ती रही है। इस बार भी कुछ ऐसा ही होता दिख रहा था। आपदा प्रबन्धन मन्त्री नियम-कायदों का हवाला देते हुए दुखः व्यक्त करने में व्यस्त थे तो मुख्यमन्त्री विपक्ष को किसानों के मामले में राजनीति नहीं करने की हिदायद दे रही थी। विपक्षी विधायक सदन में खराब फसल को आलीशान सदन का वैभव-दर्शन करा रहे थे। छुटभैया नेता हो या कोई असरदार, उन्हें विज्ञप्तियों को वक़्त पर अख़बार के दफ़्तर तक पहुँचाने की चिन्ता।

हर कोई दुखी था। कोई खेत पर, कोई घर पर, कोई सड़क पर, कोई ऑफिस में और कई ऐसे थे जो अपने दुख और संवदेना का जाल विज्ञप्तियों में बुन रहे थे।

संवेदनशील शब्दों की तलाश में थे पत्थर दिल सफ़ेदपोश। कलेक्ट्रेट के बाहर जवानों की तैनातगी बढ़ गयी। दफ़्तरों पर प्रदर्शनकारियों की बाढ़-सी रही इन दिनों में। इस भीड़ में किसान कम नेता अधिक थे। दो-चार साफे वाले गाँव के लोग इन नेताओं के पीछे खड़े, कन्धों तक अपने हाथ बड़े किये थे। गले रून्द हुए थे, इंकलाबी जोश तो दूर की बात थी, रोने का सलीका भी बिसर गये थे। सरकार है कि सब कुछ समक्ष होने के बाद भी सर्वे के सर्कुलर निकाल रही थी। कलेक्टर, उपखंड अधिकारियों को फोन खटखटा रहे थे। उपखंड अधिकारी के समक्ष हल्के के पटवारी हाथ बाँधे खड़े थे। कह रहे थे—क्या सर्वे करना साहब-सब कुछ तबाह हो गया है। कच्चे घरों पर पक्के कवेलू भी किरच-किरच हो गये। खेत, खेत तो साहिब-रेवड़ियों-कचरा पात्र में तब्दील हो गये है। खेत बर्फ से भर गये है-फसल सड़ रही है।

इस देश में यही तो विडम्बना है कि जिसको न्याय की दरकार है उसे अपने पर हुए अन्याय को सबूतो सहित प्रमाणित करना होता है। किसानों को भी प्रकृति के इस अन्याय को साहबों के सामने प्रमाणित करना था। कइयों ने प्रमाण की पीड़ा में खेतों की फसलों को दिनों तक पलटा तक नहीं। इस डर के मारे कि सरकार सबूत से छेड़खानी की तोहमत न लगा दे।

किसान के जीवन में देता आसमाँ है तो छीनता भी आसमाँ ही है। आषाढ़ का मेह हो या मावठ अमृत सदृश्य। मार्च की बारिश, ओले-आसमानी कहर। उसे हमेशा अपनी निगाहें आसमान में टांगे रखना है—मेरी कविता का एक काव्यांश स्मृति में आता है—

''मैं किसान हूँ
मेरे लिए आसमाँ में घिर-घिर
आनेवाले
काले पानीदार बादल
सुख और दुख
दोनों सबब लिए आते है
बरसते है तो
कभी हँसना समझ लेता हूँ
कभी रोना।''

तमाम मौसमी झंझावतों के बाद भी नहीं बिखरता-किसान। किस मिट्‌टी से बना है जो मिट्टी में मिट्टी होते रहने के बावजूद सदियों से अपनी हस्ती को मिट्‌टी

में नहीं मिलने देता। दु:खों की बाढ़ में हौसले के पेड़ पर काख में शेष सपने और उम्मीदों की पोटली दबा पानी उतरने के इन्तज़ार में बैठे रहने वाला किसान। फिर और फिर जोतता है अपनी खेती, लहलहाती फसल पर सुखाता है अपना अंगौछा। जोर की चिल्लाहट के बाद आसमाँ में उड़ते पंछियों के झुंड में तलाशता है भरोसे का एक तिनका। बया की तरह फिर बनाता है अपना घौंसला। यह जानते हुए भी कि मौसम बाज कभी भी नेस्तोनाबूद कर देगा उसकी उम्मीदों के तिनकों से गुँथी दुनिया।

हिन्दी के प्रतिष्ठित कवि—रघुवीर सहाय की कविता की कुछ पंक्तियाँ याद आती हैं—

सहना परायी पीड़ाओं को बार-बार
जीते रहने का अकेला उपाय है
सही
फिर उसी समय
दूर खड़े हो अपने को देखो।

जवान जैसा जवान

16 मार्च, 2015

शाम का समय। हवा में अभी भी दो दिन पहले गिरे ओलो की ठंडक घुली थी। डूबता हुआ सूरज। जिसकी किरणें बादलों के झुंडों पर, उनके किनारों पर सोने का मुल्लीमा चढ़ाये-सी प्रतीत हो रही थी। मौसम अधखुला-सा। मैं सन्तोषी नगर चौराहे से होते हुए अपनी मोटर साईकिल से घर लौट रहा था कि अचानक मोटरसाईकिल के पिछले पहिये की हवा सर्र से निकल गई। झाँककर देखा तो पंचर। आस-पास और दूर तक नज़र दौड़ाई तो थोड़ी दूर पंचर ठीक करनेवाला दिख गया।

पंचरवाला सड़क के एक बगल दो प्लास्टिक के कट्टों पर अपने साजो-सामान सजाये हुए। तगारी में मटमेला पानी। दो हाथ से हवा भरनेवाले पम्प। मुझे पैदल मोटर साईकिल घसीट कर लाते हुए देख वह सारी स्थिति भाँप गया। बोला-मेन स्टैंड पर खड़ी कर दो भाई साहब।

पंचरवाला—मिथुन कट बाल, धूल से सने। मैला जाकेट। पैरों में प्लास्टिक की चप्पलें। गुटखे के रातेपन से सने दाँत। एक बार बोलना शुरू हुआ तो फिर पंचर ठीक हो जाने तक जारी रहा। ''भाई साहब पहले टायर चैक करता हूँ। कील लगी होगी! यह देखो मैंने कहा था ना।'' लम्बी सी कील दिखाते हुए बोला।

मैंने पूछा—''कितने लेते हो एक पंचर का?'' ''भाई साहब एक के तीस, दो के पचास, तीन के साठ और क्या? काम भन्नाट करता हूँ साहब। मैने जमीन पर सजी दुकान देखकर पूछ ही लिया, इतना अच्छा काम करते हो दुकान क्यों नहीं डाल लेते। क्या करूँ भाई साहब दो बार गुमटी लगाई भी तो न्यास वाले तोड़ गये। अब एक कट्टे में समाये जितना सामान ही रखता हूँ बस। सड़क के एक बगल में दो कट्टों के बिछने जितना अतिक्रमण। तुम्हारा नाम क्या है? बोला—''सुरेन्द्र कुमार है पर सब जवान के नाम से जानते है।''

भरी जवानी में बुढापे का परिचय देते पंचरवाले इस जवान को देखकर नहीं लग रहा था कि जवानी अभी थमी है यहाँ। पैरों की पगथलियाँ ऊकडूँ बैठने के कारण चिपकी-सी लग रही थीं। चप्पलों में एड़िया एक तरफ अधिक धँसी हुईं।

जवान ने बातों ही बातों में बताया कि उसे पुलिस वाले भी जानते हैं। मैने पूछा— ''क्यों?'' ''बस भाई साहब कोई माथे ही आ जाये तो पीछे नहीं रहता। वह चार मारता है तो दो मैं भी दे ही देता हूँ।''

ट्यूब में एक पंचर के चिकती चिपका चुका था जवान। पम्प से हवा डाल पानी में डुबाई तो पानी में बुलबुले किसी दूसरी ठौर से निकलना शुरू हो गये। बोला—''कील आर-पार हो गई भाई साहब-दो के पचास रुपये लगेंगे भाई साहब।'' ''एक दिन में कितना कमा लेते हो जवान बाबू।'' ''यही कोई दो-तीन सौ रूपये।'' ''कितने भाई हो—चार। खर्चा-डेढ़ सौ रूपये रोजाना।'' ''इतना खर्चा किस पर? गुटखा, सिगरेट और भी।'' ''क्या शराब पीते हो?'' बोला—''कभी कभी।'' ''और बाकी?'' ''बाकी भाई साहब, घर के नल-बिजली के बिल जमा करना मेरे हिस्से है—ढाई तीन हजार। घर में जो गेहूँ लाता है गेहूँ ही, जो किराना लाता है वो किराना ही। चारों भाई अभी शामिल रहते है। भाई साहब गुटखा भी घर में पिताजी दुकान लगाते है, उन्हीं से खरीदता हूँ—रोज के पचास रूपये। बिक्री भी घर के घर में ही। दूसरों का भला क्यों करें।'' समझ और सरोकार के समुच्चय जवान बाबू को पंचर ठीक करने में मास्टरी है। किसी को पम्प को हाथ नहीं लगाने देता। अपने हाथों से हवा भरता। पंचर ठीक हुआ तो पूछने लगा—''कितनी हवा भरू भाई साहब, एक के लिए, दो के लिए। पूछना जरूरी है भाई साहब दूधवाले पचास पौंड डलवाते हैं। दो सवारी के लिए 35-40 पौंड बहुत है।''

सूरज अस्ताचल में डूब चुका था। पंछियों के घर लौटने की बेला में शहरी-आकाश में कोई पंछी थकन के साथ नहीं लौट रहा था। आसमान रीता था। सड़कों से लौट रहे थे थलचर थके-माँदे। मैं भी घर लौटने के लिए इसी सड़क पर चला जा रहा था। पंचर वाले जवान का चेहरा सड़क के एक तगारी में साजो-सामान कट्टे में भरता दिख रहा था। पानी से भरी तगारी से डूबते सूरज को सांझी आचमन करा, दिनभर की मजूरी गिन रहा था पंचरवाला जवान।

''राह चलते
जब भी निकलती रफ्तार की हवा
पंचरवाले जवान का चेहरा
कौंध जाता
स्मृति पटल पर
जवानी का अन्तिम विकल्प
पंचर की दुकान
पंचर की दुकान का अन्तिम विकल्प
बच्चे और जवान जैसे जवान।

चोरी का चक्कर

20 मार्च, 2015

बागबाँ ने आग दी जब आशियाने को मेरे
जिन पे' तक़िया था वही पत्ते हवा देने लगे
—साक़िब

ज़िन्दगी की पड़ताल दो पल ठहर के की जाए तो ज़िन्दगी कभी क़िस्सों के छिलकों से बँधे प्याज की तरह तो कभी सपनों का बसन्त और पतझड़ दोनो संग-संग। ज़िन्दगी को कठिन सफ़र की तरह देखो तो घटनाओं के घटाटोप के सिवा क्या कुछ बचा रहता है स्मृतियों के कोठर में। अभी-अभी की घटित घटना पर लोगों की प्रतिक्रियाओं की बारिश एक बार होना शुरू होती है तो फिर पूछो मत, कि एक बार ऐसा हुआ, एक बार वैसा हुआ। ऐसे-वैसे कैसे भी सबको बातों की जुगाली से खाना पचाने की आदत जो होती है।

जीवन-मरण का मौका हो या फिर छोटे बड़े नुकसान का अवसर। भीड़ में मौजूद लोग अपनी बातों का अस्तर भी लगाते तो भय की कैंचिया भी संग-संग चला ही देते हैं। हमारे यहाँ रायजादों की कमी नहीं। जिसके ख़ुद का मकान नहीं वे भी पड़ोसी के बन रहे मकान में अपनी राय घुसेड़ ही देता है।

आज देर शाम घर लौट रहा था तो अपने मकान की गली के मोड़ पर किराने की दुकान पर भीड़ जमा दीखी। रूक कर पूछताछ की तो पता चला कि किराने की दुकानवाले जैन साहब की मोटर साइकिल चोरी हो गयी है। चोर कब मोटर साईकिल चुरा ले गया दुकान पर ग्राहक निपटाने में मशगूल जैन साहब को भनक तक नहीं लगी। थोड़े लोग इकट्ठे थे। थोड़ो को जमा देखा तो राह चलते लोग भी थमने लगे। ऐसे भीड़ हो गयी।

जो आता वो रुकता । वही पूछता—"क्या हुआ?" जैन साहब के परिवार का कोई न कोई सदस्य जवाब दे ही देता। भाई साहब मोटर साइकिल चोरी हो गई। बार बार जवाब, कई बार के सवालों से कम ही थे। जितने लोग, उतनी बातें। कोई

कहता—"आप तो दुकान पर ही थे, फिर कैसे? मुश्किल मिलेगी भाई साहब। आजकल तो गजब ही हो गया। घरों के बाहर से ही चोरियाँ होने लगी। बीमा था कि नहीं? नहीं। फिर तो क्लेम भी नहीं मिलेगा। मोटर साइकिल कितने साल पुरानी थी? तीन साल। लगती तो नहीं थी तीन साल जितनी पुरानी। आपके काम भी कहाँ आती है। दिनभर तो दुकान पर रहना। इतने में दूसरा बोला—"फिर भी तो आँखों के सामने ही ले गया।" बहुत हिम्मत दिखाई चोर ने। यह सब सुन तीसरा बोला—"हिम्मत तो बहुत होती है चोरों में। हमारे गाँव में तो जेठ की एक रात को घर के बाहर से ट्रैक्टर तक ले गये चोर।"

भाई साहब थाने में रिपोर्ट लिखा कर आओ। आजकल समय का कुछ नहीं कहना। पता लगे चोरी की मोटर साइकिल को दूसरे किसी अपराध में काम में ले ले—चौथा अपने अखबारी पठन के अनुभव से बोल रहा था। पाँचवाँ जो अब तक सबकी बातें सुन रहा था बोला-कुछ नहीं भाई साहब, होगी जो होगी। गुमी और चोरी गई चीज़ वापिस आती है क्या? पुलिस-वुलिस भी कुछ नहीं करेगी। चोर-पुलिस सब मिले हुए है।

पंचों की इस पंचायती में जैन साहब नुकसान के अवसाद से बाहर आए प्रतीत हुए। तब जाकर लोगों ने अन्तिम राय दे देकर विदा ली। मैं भी अपनी मोटर साइकिल स्टार्ट कर आ गया। आज मैंने अपनी मोटर साइकिल बाहर नहीं छोड़ी। सीधी गैलेरी में खड़ी की और अपनी गाड़ी सुरक्षित होने पर सन्तोष किया।

रात करीब साढे दस-ग्यारह बजे यूँ ही सड़क पर टहलने निकला तो मुझे मेरी 2008 में चोरी हुई मोटर साइकिल का क़िस्सा याद आ गया। आवारगी ज़ेह्न में विचार और घटनाओं की कई खिड़कियाँ खोलती है। कवि लीलाधर मंडलोई की कविता की कुछ पंक्तियाँ याद आती है—

"बहुत कुछ अनकहा कहने को है
बहुत-सा अनकरा करने को बाकी है
चलो उठो करो आवारगी कि घूम फिर आओ"

मंडलोई जी ने यह कविता, "आएगा तो माँगेगा वो सबसे सब हिसाब" फज़ल ताबिश के लिए लिखी थी। ख़ैर! अपने क़िस्से पर आते हैं। हुआ यूँ था कि दिसम्बर 2008 का दिन था। शहर के जानकीदेवी बजाज कन्या महाविद्यालय में विधानसभा चुनावों की मतगणना चल रही थी। मतगणना केन्द्र के बाहर के उत्साह को मुझे कैमरे में कैद करना था। रोजी-रोटी के लिए जुलाई में एक प्रादेशिक न्यूज चैनल ज्वॉइन किया था। मतगणना जारी थी। प्रत्याशियों के जीत-हार का सिलसिला शुरू हो गया था। इस दरम्याँ ऑफिस में विजुअल बाइट कैप्चर कराने गया। वापस

लौटा। मोटर साइकिल थोड़ी दूर खड़ी कर दी थी। थोड़ी देर बाद जिसको जीतना था, जीत गया था। जिसको हारना था, वह हार गया था। जीत-हार का शोर-सन्नाटा टूटा तो अपनी मोटर साइकिल की ओर बढ़ा। देखा, ढूँढा। आख़िर में पक्का हो गया कि मेरी मोटर साइकिल चोरी हो गयी। मेरे जैसे दो पत्रकार और थे जिनकी मोटर साइकिलें चोरों ने उड़ा ली थी। एक तो अख़बार का फोटोग्राफर था। उसे तो मोटर साइकिल चोरी होने का गम रफ़ूचक्कर कर जीतने वाले प्रत्याशी की परिवार के साथ खुशियाँ मनाते हुए फोटो ख़ीच कर वक़्त पर दफ़्तर में कैप्चर करानी थी। थाने में रिपोर्ट दर्ज कराने का वक़्त नहीं था उसके पास। साँझ ढल चुकी थी। दफ़्तरवालों को बताया तो उलटी डाँट खानी पड़ी बेचारे को। ऊपर से सौ हिदायतें। बीमा क्यों नहीं करा रखा था। ऐसी जगह भी कोई मोटर साइकिल खड़ी करते है जिस जगह से उसके चोरी चले जाने की आशंका हो। कैसे प्रेस फोटोग्राफर हो इत्यादि इत्यादि।

बीमा तो मेरी मोटर साइकिल का भी कब का ख़त्म हो चुका था। आज जब चोरी हो गयी तो बीमे के महत्त्व का भान हुआ। लेकिन अब पछताये होत क्या जब चिड़िया चुग गई खेत। चोर मोटर साइकिल चुग चुका था। मतगणना के मैदान से। हम भी लौट के बुद्धू ऑफिस आए। ब्यूरो चीफ़ ने मिल जाने का भरोसा दिया तो उनके कैमरामैन ने कहा—"मिलने-विलने के चक्कर में मत रहो ओम जी। इन बाबूलाल धायल जी का स्कूटर यहीं ऑफिस के नीचे से चोरी हुआ था। आज तक नहीं मिला। फिर मिल जाये तो आपकी किस्मत। कभी-कभी मिल भी जाती है।" कैमरामेन रामेश्वर ने किसी परिचित की चोरी हुई मोटर साइकिल मिल जाने का क़िस्सा लगे हाथ चेंप दिया।

मीडिया में काम। ख़ुद का वाहन न हो तो दो-चार दिन धक सकता है। कई दिनों तक यह यथा-स्थिति की बेला चल नहीं सकती। कब तक अधरझूल में लटके रहते। किश्तों में नयी मोटरसाइकिल खरीदनी ही पड़ी। महिनों तक मोटर साइकिल चोरी के कई क़िस्से परिचित सुनाते रहें। मैं भी सुनता रहा। कभी उस चोर पर ग़ुस्सा भी आता। उसे मेरी ही मोटर साइकिल मिली थी चोरी के लिए। फिर मन के भीतर से एक आवाज आती "क्यूँ क्या तुम्हारी मोटर साइकिल चोरी करना मना हैं? पत्रकार हो इसलिए। सड़क पर यातायात नियमों की सबसे अधिक धज्जियाँ तुम्हारी ही बिरादरी के लोग उड़ाते हैं। ट्रैफिक वाला सिपाही भूले से रोक भी ले तो बड़े दम्भ से कहते "प्रेस से हूँ।" और फिर आप है कि बादशाहत से सड़क पर आगे बढ़ जाते है। जैसे ट्रैफिक का चालान और साइकिल स्टैंड का किराया बचाने के लिए प्रेस ज्वॉइन किया है।"

इस वैचारिक उथल-पुथल के बीच हल्का-सा मुस्कराया और कल्पना चावला सर्किल से वापस लौट गया। अब तो पत्रकारिता से भी लौट रहा हूँ। मेरी क़िस्मत

ठीक थी। करीब डेढ साल बाद गुमानपुरा थाने से थानाधिकारी भगवतसिंह हिंगड़ जी का फोन आया। ओमजी आपकी मोटरसाइकिल स्प्लैण्डर है ना लाल रंग की। नम्बर आर जे 20-0476। हाँ यही है... हाँ रंग भी लाल ही है... मैं अभी आता हूँ। कवरेज के लिए भी।

मैं फटाफट कैमरामैन को साथ ले थाने पहुँचा। सबसे पहले हिंगड़ साहब से मिला। पहला सवाल—"कहाँ मिली। हिंगड़ साहब बोले "सबसे आख़िर में आपकी ही मोटरसाइकिल बरामद हुई है, रामगंजमंडी क्षेत्र की कोटा स्टोन की खदानों से। चोर ने तो उसे पन्द्रह सौ रूपये में ही बेच दिया था। ख़ैर ! बधाई हो आपको। हिंगड़ साहब ने हाथ मिलाते हुए बधाई दी। इतने में दूसरे मीडिया संस्थानों के लोग भी जुट गए थे। थाना परिसर में एक दर्जन मोटरसाइकिलें खड़ी कर दी गयी, एक लाइन में। दो सिपाही हवालात से चोर को निकाल लाये। मैने हिरासत में लिए गये चोर से सीधा सवाल किया, क्या भाई! तुम भी गजब हो। पत्रकारों की मोटरसाइकिल ही मिली तुम्हें चोरी के लिए। पत्रकार तो बेचारे तुम्हारा फोटो छापते हैं अखबार में। नाम क्या है तुम्हारा? बोला—"राजू।" राजू के चेहरे पर न चोरी में पकड़े जाने का कोई दुख दिख रहा था ना पछतावा। चोरी उसके लिए व्यवसाय था पूरी तरह। वाचाल भी था वह। वाचाल चोर हो तो पता ही नहीं लगे कब बातों ही बातों में आँख से काजल चुरा ले। राजू ऐसा ही चोर था। कहने लगा आपकी मोटर साईकिल में पेट्रोल ही बहुत कम था, कैथून तक गया उसी में खत्म हो गया। बीस किलोमीटर। "कहाँ के रहनेवाले हो" मैने पूछा। "हरिगढ़ मूँडला" अरे यार मैं अन्ताना का रहनेवाला हूँ। तुम्हारे गाँव की तो हमारे गाँव में रिश्तेदारियाँ है। मेरी ही मोटरसाइकिल मिली तुम्हें भी। मेरी बातें सुन कर राजू अब के खुल के हंस दिया। मुझे क्या पता था आपकी थी। फिर मोटरसाइकिलों पर कौन गाँव का नाम गुदाता है?"

वैसे भी चोर के लिए क्या गाँव, क्या शहर। चोर की रिश्तेदारी में भी ठगों की भाषा होती है। राजू की बातों में ठगों की भाषा की उपस्थिति उसके इस धन्धे में आर-पार होने का प्रमाण प्रस्तुत कर रही थी—

"दुनिया के बाजार में
ठगों की फेरी है
ठगों की भाषा के अच्छेपन से
चोर अपना काम चला लेते हैं
चोर जो हवालात में है अभी
कभी बाजार में था वह

बाजार ने दिखाए सपने
बाजार की चकाचौंध में बिसर गया राह
जुगनुओं ने मुट्ठियों में तोड़ दिया
जब दम
चोर बाजार से जब हो गयीं
बेदखली
उसे यूँ उड़न छूँ होने का रास्ता
अच्छा लगा होगा
कौन चोर नहीं, कौन नहीं करता चोरी
इसी भरोसे ने उसे
अभी भी बनाए रखा था चोर
सड़क से संसद तक
चोर होने की गाली किसके हिस्से नहीं पड़ती
राजू भी इसी ऊँचे कुनबे का समझ
हँस लेता है निर्लज्ज हँसी।

घर नजदीक था। साढ़े ग्यारह बज चुके थे। मैं राजू चोर की हँसी पर भीतर ही भीतर मन्द-मन्द मुस्करा रहा था। हवा में ठंडक घुली थी और मेरे ज़ेहन में राजू चोर का क़िस्सा।

भ्रम की खूँटी पर

14 मार्च, 2015

दिन के आठ पहर में मन की अवस्थाएँ परिवर्तनशील रहती हैं। मन कभी उदास तो कभी अनमनेपन का शिकार होता रहता है इन आठों पहरों में। मन की प्रफुल्लित अवस्था जीवन में नूतन उल्लास की सर्जना करती है।

कई बार हमें पता ही नहीं होता कि मन बेमन क्यों है। बस! यूँ ही बुझा-बुझा सा लगता है। ऐसे समय में भ्रम के सारे शीशे किरच-किरच बिखरे नज़र आते हैं। जीवन में सम्बन्धों के बीच भ्रम की भाप बनी रही तब तक, जब तक ताप बराबर सा मिलता रहा।

व्यक्ति के जीवन के सारे रिश्ते-नाते, मित्रता भ्रम की खूँटी पर टँगे रहते हैं। असल में यह भ्रम ही होता है, जो हर रिश्ते को बिखरने से बचाये रखता है। हम सब रिश्तों को नहीं भ्रम को बनाये और बचाये रखने में जुटे रहते हैं। जिस दिन भ्रम दूर होता है, उस दिन यथार्थ के खुरदरेपन का अहसास होता है। वरिष्ठ कवि नन्द भारद्वाज जी की कविता 'आपस का रिश्ता' की कुछ पंक्तियाँ सटीक लगती हैं—

> "इतना करार तो बचा ही रहता है
> हर वक़्त हाथी की देह में
> कि अपनी पीठ पर सवार
> महावत की मनमानियों को
> उसके अंकुश समेत
> उतार दे अपनी पीठ से बेलिहाज
> और हासिल कर ले अपनी आज़ादी।"

मित्रता में यह संकट दोहरा होता है। यहाँ भ्रम सबसे सघन होता है। आशंका की कोई रेख इस में आर पार नहीं होती। केन्द्र बिन्दु से परिधि तक दोनों त्रिज्याओं की दूरी बराबर। यही है जो मित्रता के गोले का व्यास होता है। लेकिन जब इसी व्यास पर कोणों की निर्मिति शुरू होती है तो टूटने के कई लम्ब इस गोले में उभर

आते हैं।

गत कई महिनों से मेरे आँखों पर पड़े मकड़ियों के जाले जिन्हें असल में भ्रम के ही जाले कहे तो अधिक सटीक होगा। कुछ मित्र मुझे फिर उसी कुएँ में धकेलना चाहते रहे कि जिससे बमुश्किल निकल सका। उनके लिए मैं प्यासे कौवे की कहानी वाला बड़ा कंकर था। उन्हें मेरे सुराही में पड़े रहने से जल आचमन में बड़ी सुविधा थी। कुछ मित्र मेरे भले की गुफ्तगू के दरम्याँ चुप्पियाँ साधे रहे। उनसे डूबती नाव से एक ओक पानी नहीं उलीचा गया। वो ! मेरे एक न एक दिन डूब जाने की आश्वस्ति से भरे थे। कुछ मित्र हैं कि गजब के जिज्ञासु। उन्हें मेरे बारे में सब कुछ जान लेने की जल्दी मची रहती। साझा मित्र मिलते भी तो मेरी चिन्ता में ज़िक्र ज़रूर करते। वो हमेशा अप्रत्याशित हो जाने के भय से भरे रहें।

''भ्रम की खूँटी पर
कमीज की तरह टँगे रहते हैं रिश्ते
रोज़ सुबह-सुबह
कमीज पहनकर निकलता घर से
साँझ को एक और भ्रम
साथ लिए आता
कमीज़ की जेब में।
भ्रम से चल रहे हैं रिश्ते-नाते
पृथ्वी के अचल होने के भ्रम में
मौजूद थे सब जस के तस
सब का भ्रम
बनता है अपनी-अपनी तरह टूटता भी।''

जिस तरह सब के सत्य अलग-अलग होते हैं। उसी तरह भ्रम भी सब के जुदा-जुदा होते हैं। भ्रम जब मन से निकलकर आँख तक आ जाता है तो सारा इर्द-गिर्द, दूर-पास, सब ओर भ्रम का मेला नज़र आता है।

ऐसा नहीं है कि भ्रम जीवन में सदैव बना ही रहता है। भ्रम अक्षुण्ण नहीं है। ना ही क्षणभंगुर। इसके पूरी तरह बिखर जाने, मिट जाने की अवस्था अन्तिम अवस्था है। शमशानी ज्ञान भ्रम के बिखर जाने का कभी-कभार होनेवाला हादसा भर है। जिससे लिया गया सबक उस शमशान की चौहद्दी के बाहर तक नहीं आता।

लेकिन अन्तिम समय सब कुछ अर्जित निरर्थक लगने लगता है। जीवन-मृत्यु के यथार्थ से सामना होता है। तब भ्रम की सारी टांटिया उड़ जाती है। और हवा, हवा में, मिट्टी, मिट्टी में, जल जल में, अग्नि अग्नि में समाहित होती हुई नज़र आती

है। मशहूर शायर शीन काफ़ निज़ाम याद आते हैं—

उम्र लम्बी तो है मगर बाबा
सारे मंज़र हैं, आँख पर बाबा
रास्ता ये कहीं नहीं जाता
आ गये तुम इधर किधर बाबा

अभी टुक रोते–रोते सो गया है

22 अप्रैल 2015

पूरा एक महीना होने को है। डायरी के पिछले पन्ने तो कई बार पलटे पर लिखे जाने जैसा कुछ नहीं घटा। और आज जो दिल्ली जन्तर–मन्तर पर घटा उस पर कलम चलाने के लिए शब्दों का अकाल–सा पड़ा है। अकाल। जिस प्रदेश का मैं बाशिन्दा हूँ वहाँ अकाल जन–जीवन के बिस्तर पर करवट की तरह शामिल रहा है।

किसी शायर ने कहा है—"दुख ही दुख चादर की हर सलवट पर है, सुख नहीं पता कौन सी करवट पर है।" किसान को भी कहाँ पता होता है कि उसके सपनों पर कब तुषारापात हो जाए। दिल्ली के जन्तर–मन्तर पर आप पार्टी की किसान रैली के दौरान दौसा के एक किसान ने पेड़ से लटक कर आत्महत्या कर ली और सैकड़ों हजारों की भीड़ तमाशबीन बनी रही। कैमरों के फ्लश चमकते रहे। कैमरों के रिकॉर्डिंग बटन दबे रहे। हर पल मोबाइल में गुम रहनेवाले लोग मौत की लाइव तस्वीरें–विडियो बनाते रहे।

दौसा के किसान गजेन्द्र की आत्महत्या ने अब तक बेदखल किसान को राष्ट्रीय बहसों का केन्द्रीय विषय बना दिया–हर कोई राजनीति नहीं करने की दुहाई और हिदायते देते हुए राजनीति की बिसात पर बातों के दाँव चलता रहा।

मर गया गजेन्द्र। उसे मरना ही था। कब तक अनसुना होने के दंश को झेलता बेचारा। जिस अगोछे को गाँव में कभी पेड़ की छाँव तले बिछाकर सुस्ताता रहा, आज उसी अंगोछे को फन्दा बना लिया। रैली की सजीव अपार भीड़ में तीन चीज़ें निर्जीव थीं—एक किसान गजेन्द्र, दूसरा उसका अंगोछा और तीसरा वह पेड़ जिसकी डाली ने उसकी मृत देह का भार ढोया था। सारे सजीव आज भीतर से निर्जीवता का कफन ओढ़े खड़े थे जन्तर–मन्तर पर। न कोई जन्तर काम आया और न कोई मन्तर। इधर सरकारें जन्तर का ढोंग कर मन्तर मारने में मशगूल नज़र आई सदा–सी। हर कोई आँखों में ग्लिसरीन डाल कर बहसों की अन्धी दौड़ में शामिल था। इस गजेन्द्र की मौत का असल गुनाहगार कौन? एक दूसरे से सब यही पूछ रहे थे। आज सारे के सारे गुनाहगार, गुनाहगार की खोज में निकले थे।

जब निकले तो लाखों गजेन्द्रों की मृत देहें खेत की मेड़ों पर खड़े पेड़ों की डालियों पर लटकी नज़र आईं। किसी ने सुनी हो या ना सुनी हो गजेन्द्र की आख़िरी सिसकी उस पेड़ ने ज़रूर सुनी थी जिस पेड़ से अपना अंगोछा बाँध लटका था वह।

जिसके हक में नारे बुलन्द कर रही थी
आप की भीड़
उसी ने अनसुना कर दी जब
गजेन्द्र की दहाड़
जिस पेड़ से लटका
उस पेड़ ने सुनी है गजेन्द्र की आख़िरी सिसकी
दुख जब लाँघ जाता अपनी सीमा
पेड़ ही सुनता रहा सदा दुख के बोल
पेड़ सुन सकता है बोल नहीं सकता बेचारा
जो सुनकर बोल सकते थे
वो साधे रहे अटूट चुप्पियाँ
गजेन्द्र जब चढ़ा होगा पेड़ पर
उसकी आँखों की चौहद्दी में शामिल रही होगी
अपार भीड़
वही भीड़
जो लोकतन्त्र को भीड़तन्त्र के पर्याय में
उलझाती रही सदा
गजेन्द्र मर गया अंगोछे का फन्दा लगा
संसद मौन रही
शोक पत्रों से भरा था
सबसे बड़ी पंचायत का परिसर
संसद के दायरे के दुखी पेड़ उतार चुके थे
अपने हरियल लिबास
आज हर पेड़ बौना था
संसद की ऊँचाई के समक्ष
पुलिस के रोज़नामचे में
पेड़ तो होगा पर पेड़ की गवाही नहीं होगी
गजेन्द्र की तबाह फसल की कराह से
मिलती-जुलती थी
जो सिसकियाँ सुनी थी पेड़ ने

कोरी भावनाएँ नहीं मानी जाती
न्याय के तराजू में ठोस सबूत
आज कविता के कागज से
छिटक रहे हैं शब्द-शब्द
शब्दकोश आधे-अधूरे से लगे आक्रोश से विपन्न
कविता की परिधि से बाहर
राजधानी के चौराहों पर खड़े थे
नग्न पेड़ों के तले
अन्याय की तख्तियाँ लिये
जब भीड़ ने नहीं सुनी कोई चीत्कार
संसद भी सदा-सा
जब साधे रहा सिर्फ़ मौन
तब पेड़ ने सुनी गजेन्द्र की आख़िरी सिसकी।

आधी दुनिया का पूरा सच

27 अप्रैल 2015

"पुरुष में इतना हुनर होता है कि वो गुनाहगार होते हुए भी पैरों में गिरकर, गिड़गिड़ाकर अपना माफ़ीनामा मनवा लेता है। गुनाहगार पुरुष की नाटकीयता को सिर्फ़ वो स्त्री ही समझती है जो उसके गुनाह की निशानियाँ अपनी देह पर चस्पा जीवन जीती है।"

यह सब उस महिला के उद्‌दार थे जो क्रूर पति की क्रूरता के कारण अपना जीवन अपने बूते स्वाभिमान से जीती है।

आज सुबह-सुबह शेविंग करने के बाद यूँ ही टीवी के चैनल बदल रहा था कि दूरदर्शन के राष्ट्रीय चैनल पर एक परिचित चेहरा दिखाई दिया। यह चेहरा था - चन्द्रकला शर्मा का। चन्द्रकला शर्मा कोटा में एकल नारी शक्ति संगठन की समन्वयक हैं और एकल नारियों के अधिकारों के लिए सामाजिक कार्यकर्ता के रूप में कार्य करती हैं। दूरदर्शन के 'स्त्री शक्ति' कार्यक्रम में चन्द्रकला और झालावाड़ की कमल के जीवन संघर्ष पर बातचीत एंकर द्वारा की जा रही थी और यह बात कमल ने बातचीत के दौरान कही। कमल जब पति के अत्याचारों से दुखी होकर पीहर में ही रहने की ठान लेती है तो अत्याचारी पति बेगुनाही का पिटारा लेकर पीहर पहुँच जाता है।

एक आदमी अपने गुनाहों पर पर्दादारी का हुनर जानता है तो एक औरत अपने पर पड़नेवाली हर नज़र और नज़रिये को चिह्न लेने की असीम शक्ति रक्त में लिए धरती पर अवतरित होती है। आदमी का दम औरत की सहनशक्ति के समक्ष क्षीण हो जाता है। धरती से कहीं अधिक सहती औरत एक अकेली अपनी ज़िन्दगी में। इस दिशा में विचार के चक्षु खुले तो हर राह एक अकेली औरत नहीं औरतों का हुजूम न्याय की तख्तियाँ लिये पुरुषों की नगरी में नारे बुलन्द करती हुई नज़र आयी।

औरत ज़िन्दगी के मैदान-ए-जंग में एक अकेली सिपाही की तरह जूझती है,

लड़ती है और स्वाभिमान से अन्तिम साँस तक जूझती ही रहती है। हर औरत की अपनी एक कहानी है और अपनी एक जंग भी। जीतती भी एक औरत और हारती भी एक औरत ही है। वो हारने को स्वीकार नहीं करती है और जीत में कर्त्तव्यों की छाया से ढकी हुई होती है। पर आदमी के कलेजे का पत्थर है कि पिघलता ही नहीं।

कमल अपने जीवन में तीन बच्चों की माँ बनी लेकिन वो कहती है —"पति का प्यार क्या होता है वो नहीं जानती।" एक स्त्री जीवनपर्यन्त पति के प्यार और नफ़रत के बची हिंडोले-सी झूलती रहती है। एक लम्हा आकाश को नाप लेने सा उठाव तो दूजे लम्हे पैरों की पगथलियों से रगड़ खाती खुरदरी धरती। यही आवाजाही-एक औरत के जीवन का यही सफ़र। न कोई मंजिल न कोई साथी। देह दिखती है, देह के भीतर की औरत नहीं दिखती। आँख दिखती है, आँख के भीतर का पानी नहीं दिखता। जबकि औरत है तो घर हैं। वह भी किसी की बेटी है और बेटियों बिना संसार के सुन्दरपन की कल्पना ही बेईमानी हैं। राजस्थानी के प्रसिद्ध नाटककार एवं कवि अर्जुन देव चारण जी की कविता याद आती हैं—

"बेटियाँ हैं तौ घर है
घर है तौ भरोसौ है
भरोसौ है तौ प्रीत है
प्रीत है तो जूण है
जूण है तो साँस है
साँस है तो आस है
अर
इणी आस रै बूतै
आप हौ।
नीं होवती बेटियाँ
तौ
आप सैंग
अेक जैड़ा होय दुनिया
आपरी।"

औरत आसमान से पटकी तो जाती है पर जीवन भर खजूर पर लटकी रहती है। औरत की खजूरमयी छाया में आदमी अपनी खुशियों के फनके बीनता रहता है। उन्हीं फनकों से बनी झाड़ू से आँगन बुहारता है। स्मृतियाँ फनकों की तरह घिस जाती है। एक आदमी औरत को घिसे हुए फनकों की झाड़ू की तरह गाँव के बाहर घूरे में डाल देता है। पर फनके घिस जाए तो क्या उसके स्वाभिमानी बन्धन ज्यों के

त्यों साबुत रहते हैं। वो अपने बन्धन अपने हाथों खोलती है। दुनिया को खजूर के शीर्ष को देखने को मजबूर करती है।

"धरती के धीरज से
कहीं अधिक धीरज लिये
दुनिया में आती हैं औरतें
पानी की तरलता से
कहीं अधिक तरल होता है
औरत का अन्तस
आग की तपन से
कहीं अधिक तपती हैं
औरतों के ज़ेह्न की भट्टी
जिसमें एक न एक दिन
राख हो जाता है
आदमी का दम्भ
हवा से तेज़ बहता है
औरतों का मन
जिसे पढ़ पाना स्थिर आदमी के
बूते से बाहर ही रहा हमेशा।"

स्त्री जीवनभर सर्जना में अनथक जुटी रहती है। उसे पृथ्वी को सुन्दर बनाने का हुनर आता है। चीज़ें किस तरह से सलीके से रखी जाती हैं, यह एक स्त्री ही जानती है। पुरुष की बेतरतीब दुनिया को सुन्दर तहों में जमाकर सपनों के सूटकेस में एक स्त्री ही रखती है। आधी दुनिया के बिना पूरी दुनिया का अधूरापन सनातन रहेगा।

आज स्त्री के पक्ष में न दलीलों की दरकार है और न किसी एनजीओ हुजूम की। ज़रूरत है तो उसके आत्मसम्मान को बनाये रखने की। उसे उड़ने का खुला आकाश और चलने के लिए पूरी पृथ्वी चाहिए। कवि दिनेश कुशवाह की कविता 'सदी की शुरुआत पर स्त्री के लिए शोकगीत' के कुछ अंश याद आते हैं—

"स्त्री के पास ऊब थी, आदतें थीं,
अजूबे थे,
मोहिनी थी, मर्म था, गृहस्थी थी,
गरीबी थी, कठिन संघर्ष थे,

गीत थे, गाने की इच्छा थी,
कहीं अमीरी और ऐश भी थे
पर आँसू सब जगह थे।''

आदिवासी कवयित्री अन्ना माधुरी तिर्की इस दुख को सम्पुष्ट करती हुई 'कागज़ कहता' कविता में लिखती हैं—

''मेरे दुखों का महाकाव्य
अन्धेरी रात की तरह
अनतिम''

लेकिन एक आशा भी है कि–

''कि बदलेगा समय
सुनी जाएगी मेरी आवाज़
एक दिन
न्याय ख़ुद करेगा मेरी तलाश।''

('न्याय ख़ुद करेगा मेरी तलाश' से)

यह कौन चित्रकार है...ये कौन...

3 मई 2015

सूरज दो तिहाई अस्त हुआ था कि बूढ़े सूरज वाले मन्दिर में आरती का शंखनाद हो गया। डूबते सूरज के साथ मन्दिर के घंटे-घड़ियाल गूँजने लगे। ऐसा नजारा कोटा जिले के बूढ़ादीत गाँव में रोज का है। यहाँ 11वीं-12वीं शताब्दी का एक प्राचीन सूर्य मन्दिर हैं। इस गाँव का नामकरण भी इसी मन्दिर के नाम से ही कालान्तर में हुआ। बूढ़ा-आदित्य यानी बूढ़ादीत। यूँ हाड़ौती में झालरापाटन का विशाल सूर्य मन्दिर जग प्रसिद्ध है, लेकिन बूढ़ादीत का बूढ़ा सूरज अपनी एक अलग छटा लिए हुए है। गाँववाले भी पीढ़ियों से इसकी मौजूदगी से गर्वित हैं कि उनके यहाँ और कुछ हो न हो उनके अतिप्राचीन होने की निशानी सूर्य मन्दिर तो है ही।

बूढ़ादीत यूँ कभी चल के जाना नहीं हुआ। जब कभी हुआ तो कारण वहाँ आयोजित साहित्यिक समारोह की सहभागिता ही रही। आज भी दो साहित्यिक अग्रज जो कि इस बूढ़े सूरज के क्षेत्र में साहित्य की लौ जलाये हुए हैं, उनकी पुस्तकों का विमोचन आज इसी मन्दिर परिसर में बने सामुदायिक भवन में हुआ। पी.एल. सांखला जी की बाल साहित्य की पुस्तक 'धरती के स्वर' और नन्द सिंह पंवार की काव्य पुस्तक 'सलवटें' का विमोचन।

काव्य संग्रह 'सलवटें' के रचनाकार जब अपनी रचना-प्रक्रिया पर बोल रहे थे तो उन्होंने अपनी रचनाधर्मिता के आगाज़ का क़िस्सा सुनाया। बोले— 'जिस स्कूल में वो अध्यापक रहे वहाँ उनके द्वारा डाली गई रोटियों के वशीभूत होकर 'चम्पी' नाम की कुतिया उनकी दया की निरीह पात्र बन गयी। महीनों उसे रोटियाँ डालते रहे। अचानक एक दिन बच्चों ने ख़बर दी कि 'चम्पी' नहीं रही। बस उन्होंने अपनी पहली कविता का सृजन 'चम्पी' की मौत पर शोकगीत के रूप में किया। कवि किस हद तक संवेदनशील होता है वह नन्द सिंह जी के क़िस्से से मालूम होता है।

नन्दसिंह जी कविताओं की सर्जना के साथ कैनवास पर रंगों का मेला लगाने

में बरसों से माहिर खिलाड़ी रहे। यही कारण रहा कि आज जब कोटा से बूढ़ादीत समारोह के लिए रवाना हुए तो उनके कुछ चित्रकार साथी भी टाटा मैजिक की छत पर अपनी-अपनी पेटिंग्स लादकर रवाना हुए थे।

उनके सभी साथी चित्रकार अपनी-अपनी रचनाओं के कैनवास बूढ़ादीत को दिखाने निकले थे। यह सभी अस्सी-नब्बे के दशक के उम्दा चित्रकार थे। उनकी कला की उस समय तूती बोलती थी। अब तो चित्रकारी की परम्परा में आधुनिकता का ऐसा घालमेल हो गया कि उनको अपने दिन लदे हुए लगते हैं। फिर भी अपने-अपने कैनवासों के प्रति उनकी गहरी आश्वस्ति बरकरार है। ज्यों की त्यों।

''जो चित्रकार
निकले थे बूढ़ादीत की राह पर
समय के ख़ूबसूरत चेहरों से
रंगीन थे उनके कैनवास
एक मछली थी
एक था राजा
मछली की देह पर ठहरी थी
दो बूँद जल की
राजा के चेहरे पर सामन्ती रौब
दो बूँद पानी का था भरोसा
कैनवास पर उकेरी गई मछली के
गलफड़ों को फुलाये हुए था
राजा के गले में बेशकीमती
मोतियों का हार लटका था
दमकता हुआ
एक कैनवास पर उकेरी गई
नायिका की आँख
राजा के मोतियों के हार में गुँथी थी
नायिका की आँख से
भिन्न रंग की थी मछली की आँख
मछली की आँख में बचा था
दो बूँद पानी
राजा के मोतियों की माला

स्वेद बूँदों की लड़-सी लग रही थी
नायिका की आँखों से झलका
दो बूँद पानी
उसके गुलाबी गालों पर था
ठहरा''

बिगड़े मौसम के मिज़ाज पर ग़ुस्सा

5 जून 2015

कुछ दिन पहले ही मौसम के केन्द्रीय जानकारों ने मानसून के सामान्य रहने की मुनादी कर सब जन के हृदयों को अंजाने से भय से भर दिया था। सब सूखे, कम बारिश की आहट भर से भयाक्रान्त थे कि आज केरल ने मानसून ने दस्तक दे दी थी। पर्यावरण दिवस पर आज इस तरह के असमंजस को लेकर जानकारों की दलीलों का अम्बार लगा था। हर चैनल और हर अख़बार पृथ्वी और पर्यावरण की चिन्ताओं से भरे थे।

मौसम और पृथ्वी की अनिश्चितता के संकट पर भारतीय ज्ञानपीठ की पत्रिका 'नया ज्ञानोदय' अपने दो अंकों में इसकी गहन पड़ताल की शुरुआत कर चुकी थी। किसी साहित्यिक पत्रिका के जीवन के पर्यावरण से सम्बद्ध विषयों के एकाग्र से ध्यान केन्द्रित करना साहित्य के पर्यावरण और सामयिकता के बचे रहने को आश्वस्ति प्रदान कर रहा था। इस साहित्यिक, पर्यावरणीय सद्प्रयास के लिए पत्रिका के सम्पादक लीलाधर जी मंडलोई को साधुवाद प्रेषित करना तो बनता ही है।

गाँव में आषाढ़ का माह लगता तो लोग बारिश की आस में आसमान की ओर टकटकी लगाना शुरू कर देते हैं। मानसून की अर्थ सम्पन्नता से अनजाने लोग पढ़े लिखे छोरों से पूछते—अब कै मानसिंह जी कद आ रह्या छै। "गाँव में मानसून बरसों से मानसिंह ही है।" अँग्रेज़ी की अज्ञानता अपनी सहूलियत के लिए अपनी भाषा का पल्लू सहजता से थाम लेती है। तभी तो मानसून—मानसिंह हो जाता है।

हमारे शहर के वरिष्ठ कवि अरविन्द सोरल अपनी काव्य पंक्तियों में आषाढ़ी मौसम को कुछ यूँ बयाँ करते हैं—

"पक्ष में तेरे इसकी हर एक बूँद
गवाही लिख देगी
चूल्हा जलने की गारंटी
इसकी स्याही लिख देगी

यह लकड़ी में लपट की हुंडी
तेल नून का बादल है
ढले जून का बादल है''

एक बारिश ही तो है जो पूरे साल की खुशियों की लॉटरी किसान के नाम खोलती है। बारिश नहीं तो कुछ भी नहीं। रोहिणी चाहे जितनी तपे, गाँव कभी ऐसी तपन से क्षुब्धता नहीं ओढ़ता। जितनी तपन उतनी बारिश। सदियों से चली आ रही इन मौसमी आस्थाओं के भरोसे ही जीवन सामान्यतया गुजरता है। बिना हड़बड़ी बिना ऊहापोह।

आषाढ़ में जब धरती पर बारिश की पहली बौछार होती है तो धरती अपनी सौंधी गन्ध से आसमान में तैरते बादलों की साँसों को सुवासित करती है। धरती, आसमान के प्रति अपने सनातनी नेह का परिचय द्वार बारिश दस्तक से खोलती है। आषाढ़ वर्ष के पुनर्जीवन का पहला पायदान है। अच्छा आषाढ़ वर्ष-पर्यन्त गाँव को भरोसे से भरा रखता है।

गाँव के लिए आषाढ़ का महीना पेड़ के तने की तरह होता है। आषाढ़ जम गया तो शेष ग्यारह महीनों को इस तने पर डालियों की तरह टँगे रहने में कोई आफत नहीं आने वाली। आषाढ़ डगमगाया तो बारहों महीने दुख के हिंडोले में झूलते रहना।

''तुम आषाढ़
लाओ घन
जल से भरे
तुम आषाढ़
धरती को करो श्रृंगारित
मैं लिखता हूँ
मिलन-गीत
तुम आषाढ़
बनो डाकिया
लाओ आकाशी प्रेमिल जल चिट्ठियाँ
धरती को सुनाओ
बूँद-बूँद
तुम आषाढ़
हँसाओं धरती को
हरियल हँसी

तुम आषाढ़
ओढ़ाओ धरती को
हरी चूनड़ी
तुम आषाढ़
धरती जोतो
बीजों की तुम पाँखें खोलो
मानवता की फिर जय बोलो"

आषाढ़ का जितना इन्तज़ार किसान को होता है, उतना शायद कोई किसी को हो। किसान जीता ही आषाढ़ी के जम जाने की आशान्विती के साथ। वैसे किसान को बारहों महीने चलते रहने का जज्बा ईश्वर ने बख़ूबी दिया है। वह जेठ, बैशाख में सुस्ताता भी है तो आनेवाले आषाढ़ की धमक ज़ेह्न में बनी ही रहती है।

किसान की आषाढ़ी चिन्ता में सबसे पहले धरती, फिर बीज और फिर खाद-पानी साथ-साथ शामिल होते हैं। पिछले कुछ दशकों से बहुराष्ट्रीय कम्पनियों ने किसान की हंडिया का बीज भी हथिया लिया है। अब वह दौर है कि किसान अपने ही खेत में निपजे बीज के प्रति असमंजस से भरा रहता है। मुझे याद है बचपन में पिताजी के साथ अक्सर अटरू का आषाढ़ी हाट करने जाया करता था। शंकर ज्वार वहीं से खरीदते थे। अब न तो ज्वार बची है और न ही मक्का। दोनों की खेतों से बेदख़ली आर्थिक फसलों के बीजों ने कर दी है।

अब हाल यह है कि हाट तो अब भी भरता है, पर आषाढ़ी हाट में गल्ला व्यापारी नहीं दिखते हैं। किसान बीज बदलना भी चाहे तो उसे घंटों-दिनों सहकारी समिति के बीज वितरण केन्द्र के बाहर पंक्तिबद्ध होना पड़ता है। ऐसे बीज के लिए जो मिट्टी में धाँस फोड़ भी दे न भी फोड़े। आखा तीज अभी भी साहूकार की हिसाबी में बन्द है छोटे-मझले किसानों के लिए।

आषाढ़ माह लग गया है पर आकाश में अभी बादलों की फेरी का इन्तज़ार है। सूरज की तल्खी बरकरार है। लू यानी झक्कर के तेवर अभी भी दिन के तीजे पहर जस के तस बने हुए हैं। ऐसे में अम्बिका दत्त जी की एक राजस्थानी कविता स्मृत हो आयी—

"आंश्योई नहीं दिन हाल
बीड़ी बुझगी
पाणी बरस्योई नहीं ई साल
होग्यो सूखा चड़स ज्यूं जमारो
बूंळ्या के नीचे समटगी छाया सारी

कुण न्हाळ रह्यो छै बाट
दिन दूरा छै हाल
आषाढ़ का''

इस तरह के विचार सेतु पर चैतन्य चल ही रहा था कि दहलीज़ की धूप घर के सामने के ऊँचे पेड़ के ऊपरी पत्तों पर आख़िरी, आज का आख़िरी पीलापन लिए स्वर्ण-सी दमकती दिखी। घड़ी का काँटा साढ़े छः के पार था। थोड़ी देर सुस्ताया कि हवा के तेज झौंके ने घर की गैलेरी में दो चार सूखे पत्ते ला पटके। इन दिनों गर्म हवा अक्सर शाम होते-होते ठंडे बायरे में यूँ ही अचानक तब्दील हो जाती है। मैं भीतरी कमरे की कुर्सी से उठकर हवा से अधखुले दरवाज़े को बन्द कर देने की मंशा से उठा। दहलीज़ से आकाश भी निहारा पर अभी आकाश में धूल के गुबार के सिवा कुछ भी दृष्टिगत न था। मन ही मन सोच रहा था कि यह तेज हवा, अंधड़ मानसिंह जी के पधारने के पूर्व की हवाई मुनादी तो नहीं है। आषाढ़ होता ही ऐसा है। इस माह में बिगड़े हुए मौसम के मिजाज पर कोई ग़ुस्सा नहीं होता।

आकाश हँसता है बारिश की हँसी

8 जुलाई 2015

एक माह उमस में बारिश का दम घुटता रहा। पसीने से तरबतर लोगों और धरती में बीज डालने को व्याकुल किसानों की बेकल निगाहों से पूरा आसमान चिन्हित था। इस बीच कोई छोटी-मोटी बदरी आकाश के कपाट पर उम्मीद का हाँका कर जाती तो किसानों की पलकें झपक लेने की फुरसत चुरा लेती।

लेकिन आज भरी दुपहरी, सिर पर चढ़ा सूरज कब पीठ पर लद गया पता ही नहीं चला। घर से निकला ही था कि दूसरे चौराहे पर झमाझम बारिश हो गयी। अधभीगा-सा रुका नहीं बस चलता रहा। इस गुमान में कि बारिश में भीगना बुरा नहीं होता। ईश्वर तो इसी बारिश के भरोसे सृष्टि के जीवन्त रहने की गहरी आश्वस्ति से भरा रहता है। उसकी दृष्टि में जीवन की लय और प्रलय में बारिश की महत्ता हमेशा रही है।

> ''जीवन बरसता है धरती पर
> जब भी
> बरसता है पानी
> आसमान को धरती की गन्ध का पता
> बारिश ही देती रही है सदा
> आकाश हँसता है
> बारिश की हँसी
> धरती के मुलकन की मीन
> बूँदों के रास्ते
> लौट जाती है फिर-फिर
> धरती जब
> पहली बारिश के दिनों करती है
> पहला स्नान
> धरती की देह को हरियल चुनर

ओढ़ाता है
प्रियतम आकाश
धरती और आकाश के इस
चतुर्थ मासी मिलन के बूते
खिलता है धरती पर जीवन का फूल
रंगीन तितलियों की पाँखें
नरम हवा के झौंके से
खिल उठती हैं
इन्हीं दिनों
घर की परातों में घुलती है हल्दी
नन्हा शिशु सुन रहा होता है
बूँदों की टप-टप
उसकी स्मित में शामिल होती है
ईश्वर की आभा''

बारिश अपने पूरे रंग में दिखी तो बीच राह में पड़नेवाली मेरे मित्र की दुकान पर ही ठहर जाना उचित जान पड़ा। हेलमेट उतार कर उसकी सैलून की दुकान में झाँका तो उसके भाई साहब बैठे थे एक बगल। अचानक से मैं धमका तो बोले- ''भीझ ग्या, आज तो गजब करी दुपैरी मं ई आग्यौ।'' उनकी बात का जवाब देते हुए बोला—''पड़बा द्यो भाई साहब, हाल बरस्यों ई कांई छै। स्हैर मं तो फरक न्हं पडै पण गाँव मं तो बोवणी कौ बखत खडतौ जार्‌यो छै।'' मेरी बात सुन कर वह सिर्फ़ इतना भर बोले—''सही बात छै''।

इन भाई साहब के पास जीवन के कई क़िस्से है जो मेरी ही नाम राशि के है। असल में यह मेरे मित्र मुकेश के बड़े भाई साहब है। बीस-पच्चीस बरस अपने गाँव सीसवाली में सैलून लगाते रहे। शहरीकरण ने वहाँ के जीवन को कठिन बनाया तो एक न एक दिन सब ठीक हो जाने की उम्मीद लिए बीते बरस कोटा आ गये। अब सैलून की दुकान पर दोनों भाई लोगों को सुन्दरता दिए रहने में जुटे रहते हैं। सुखी है और सन्तोषी भी। सन्तोषी है इसलिए सुखी है। सुख और सन्तोष का यह अनुप्रास इनके जीवन को अलंकृत किए है। कभी-कभार जो मुझे भी सन्तोष की गहरी सीख देता है। सन्तोषी सदा सुखी।

ख़ैर ! बारिश अभी भी जारी थी। सड़क पर पानी बह रहा था, नालियों में नहीं समा रहा था। हम दोनों की बातों ही बातों में बारिश की स्मृतियों के कई कुंभ एक साथ भर गये। मैं बोला—''भाई साहब, अब पानी बरसता ही कहाँ है। जब मैं

गाँव में पढ़ता था चार-चार दिनों तक झड़ लगे रहते थे। घरों की कच्ची दिवारें सीलन से भर जाती थी। किसी न किसी दीवार के ढह जाने के भय के बीच रातें गुज़रती थी। आकाश में कोई बिजली चमकती तो पानी के मोटापे का पता मिलता था या फिर बाहर के चबूतरे के धसक जाने की आहट से घर भर में चोवतों की छानबीन शुरू होती थी। बारिश का ऐसा रूप-रंग अब कहाँ नज़र आता है भला। अब तो चार माह में बारिश के दिनों की गिनती अँगुलियों के पोरों से बदती नहीं होती।''

इस बीच बारिश रूक गई। थोड़ी बूँदा-बाँदी के बीच धूप भी खिल उठी थी। भाई साहब बोले—''ल्यों बरसग्यो पाणी, तावड़ो भी कढ़ आयो।''

कहते हैं धूप निकली रही हो और बारिश भी हो रही हो तो कहीं न कहीं सियार का ब्याह हो रहा होता है। अब सियार के ब्याह और धूप में बारिश का क्या गठजोड़ है, यह हम दोनों की समझ से परे था। हो सकता है कि ऐसा मौसम इसके जीवन में सुख का संजोग लेकर आता हो। धूप के भ्रम में डूबे रहनेवाले सियार को ऐसी बारिश समय के यथार्थ का परिचय कराती हो। उसे दूसरे की माँद से निकल भागने का मौका धूप की बारिश ऐसे ही देती रही होगी सदा। कुछ नहीं कहा जा सकता, सिर्फ़ अन्दाज़े बयाँ हैं।

बारिश की बूँदों की मेहनत से मोटरसाइकिल धुल गई थी। मुझे भी सन्तोष था कि मोटरसाइकिल अभी इतनी पुरानी नहीं पड़ी थी, चमक रही थी। सामने की सड़क के उस पार खड़ा पीपल का पेड़ भी इस बारिश के प्रथम स्नान से अधिक हरा भरा दिख रहा था। आज झमाझम बारिश में नहा चुका था मेरा इर्द-गिर्द। मैं भी बारिश के ख़्यालों में खोया तीसरा चौराहा पार कर चुका था और निदा फाज़ली याद आ रहे थे—

गरज बरस प्यासी धरती पे फिर पानी दे मौला
चिड़ियों को दाने बच्चों को गुड़धानी दे मौला
दो और दो का जोड़ हमेशा चार कहाँ होता है
सोच-समझ वालों को थोड़ी नादानी दे मौला

दु:ख का आयतन उर्फ रंग उघड़ता भी है तो फिर से किसी दूजे रंग की प्रतिच्छाया साथ लिये

14 जुलाई 2015

इश्क ने ग़ैरते-जज़्बात में रोने न दिया
वरना क्या बात कि किस बात ने रोने न दिया
आप कहते थे कि रोने से न बदलेंगे नसीब
उम्रभर आपकी इस बात ने रोने न दिया

—सुदर्शन फ़ाकिर

आदमी की देह में कन्धे ही जीवनभर में दिलासे का मज़बूत आधार होते है। कन्धे प्रेमी-प्रेमिका के हो तो फिर बात ही थोड़ी-सी दिगर हो जाती है। यह प्रेमिल अपने कन्धों का इस्तेमाल सुख में कम और दुख में अधिक करते हैं। आपस की दूरी जब घने दुख में लिपटी होती है तो एक-दूसरे के कन्धों पर सिर की रखाई सबसे जरूरी जान पड़ती है।

सुख जोड़े न जोड़े दु:ख के तन्तु ज़रूर डाल और धरती को एक न एक दिन जोड़ ही देते है। बुढ़ियाते बरगद का दु:ख इन जमीन में धँसते जाते ताँतियों की बदौलत ही सुखानभति से क्षरित होता रहता है।

आज देर शाम को मैनें भोजन के बाद एक मित्र से भेंट की राह पकड़ ली। मोटरसाइकिल स्टैंड पर खड़ी कर ही रहा था कि हाथ का इशारा कर उसने मुझे बग़ल की दुकान में घुसने से थोड़ा पहले अपनी ओर बुला लिया। उसके चेहरे से साफ बयाँ हो रहा था कि उसे मुझसे कुछ कहने की अधिक जल्दी है। और दिनों से अधिक है उसके पास कहने के लिए।

मैं कुछ कह पाता उससे पहले ही वह बोल पड़ा—"अरे यार मैं तुम्हें फोन करने ही वाला था कि हर बार इस ख़्याल ने रोक लिया कि फोन से अच्छा रूबरू ही ठीक रहेगा।" क्यूँ ऐसी क्या बात है, जो सब सिमट नहीं रहा तुमसे। फरमाओं। क्या बताऊँ यार। आज पाँच बरस बाद उसका फोन आया था। पूरे पन्द्रह मिनट बात की, बहुत दुखी थी बेचारी। मुझे यह अन्दाज़ा लगाने में बस एक क्षण गुजरा, बेचारी

मैंने कहा–अच्छा तब ही मैं सोचूँ आज यह बेकली क्यूँ। मैं कुछ और कह पाता उससे पहले ही शुरू हो गया, उसके दुःख को बातों में बाँधने लगा। मैनें कहा, सही है भाई यह दुःख ही तो है जो सृष्टि को हमेशा अपूर्ण रखता है। व्यक्ति के जीवन में दुःख की फेरी नहीं हो तो वह सुख की चकाचौंध में सुख को गुमा बैठे। यह दुःख सराय है कि किसी को बार–बार अपनी छितराई छाँव में बुला ही लेती है। सुख से अधिक होता है दुःख का आयतन। जिसमें स्मृतियों का कुम्भ भराने की अपूर्व क्षमता होती है। मैं समझा रहा था उसको कि कैसे दुःख उस नायाब सुख की तलाश में बंजारा हुआ रहता है जिसका ठहराव कर लेना उसके बस में नहीं होता।

"उसके सुख में
मेरे नहीं होने का दुःख
ज़रा–सी डंडी मारी न कि
जीवन–तुला का सन्तुलन
डगमगा जाता बारम्बार
यह दुःख ही तो है
हमारे दरम्याँ
जो सुख को बनाये रखता है हमेशा
अपूर्ण
हृदय बहुत तेज गति से पकड़ता है
दुःख के सिग्नल
बड़ी मुश्किल से मिलता है
सुख का नेटवर्क।"

मेरा यह मित्र भी गज़ब का है, अपने जैसो की तरह ही अपने दुःख से कई अधिक उसके दुःख की चिन्ता में डूब जाता है। उसी तरह। जैसा आज उसकी बातों से लग रहा था कि अभी जाये और नेस्तोनाबूद कर दे उसके दुःख का साम्राज्य।

एक प्रेमिका का दुःख एक प्रेमी के लिए धरती के भार से कहीं अधिक भारी होता है। वह अपनी बातों की हवा से प्रेमिका के ललाट पर चू आए पसीने को सुखाने में जुटा रहता है। असफल। मैं उसको समझा रहा था कि दुख की उमस हमेशा सुहावने मौसम की याद को तरोताज़ा बनाये रखती है।

अपनों के इन दुखों को हर लेने के कई रास्ते थे उसके पास, लेकिन समाधान की मंज़िल किसी रास्तें पर नज़र नहीं आ रही थी। अब उसके दुःखों में दख़ल का अधिकार नहीं था उसके पास। केवल दिनों के फिरने की दिलासा देने के सिवा। दुःख में डूबे हुए के लिए दिलासे की औषधि असर तो करती है पर ज़ख़्म में खुँरट

लाने भर तक ही।

फिर कोई घड़ी के नाख़ून नींद में डरावने सपनों की शह पाकर इन खरोंटो को छील देते हैं। इन जख्मों और निशानियों का नीलापन आसमान के किसी रंग से मेल नहीं खाता। सुख हजार रंगों में बँटा दिखता है पर दुःख है कि जिसका कोई रंग ठीक से उघड़ता ही नहीं। रंग उघड़ता भी है तो फिर से किसी दूजे रंग की प्रतिच्छाया साथ लिए। मित्र के इस तरह के दुःख की अनुभूति मेरे लिए मेरी ऐसी ही अनुभूतियों की विकलांगता का पुनः परिचय देनेवाली साबित हो रही थी। मैंने इस बीच बातों की खोल बदलने की कोशिश भी की लेकिन वह था कि दुःख की माँद से बाहर आने को राजी ही नहीं था। वह अपने दुखड़े से रो-रोकर हल्का हो रहा था, मैं सुन-सुन कर भारीपन महसूस कर रहा था। मैं लाख चाहने पर भी यह नहीं कह सका कि दुःख सबके एक जैसे होते है। बदलते भी है तो सुख में कुछ न कुछ कमी रह जाने के कारणवश।

मेरी इन दार्शनिक टाइप बातों को सुन कर मित्र बोला—"तुम कितने समझदार हो यार! मेरे मन की ऊहापोह को पूरी शिद्दत से भाँप लेते हो। मैं जानता हूँ कि तुम दूसरे के दुःखों के उच्छ्वास को भी सलीके से सँभाल कर रखोगे। वरना इस दुनिया में दूसरे के दुखों को धैर्य से सुन लेने भर की दासता भी अब कहाँ शेष रही है।

इसी बीच मुझे अचानक कोई जरूरी काम याद आ गया। मैंने अपने मित्र को उसके अथाह दुख में अकेले गोते लगाते रहने के लिए छोड़कर अपने काम की राह पकड़ ली। अभी भी उसका कई सारा कहना बाकी था, लेकिन मेरे लिए अनकहे को महसूस कर लेना किसी भी तरह से शेष नहीं था।

मौसम की कसौटी

24 जुलाई 2015

बीती रात लगभग बारह बजने को थे। पढ़ते-पढ़ते नींद के आगोश में चले जाने की सनातन आदत के बदौलत एक किताब के पन्ने पलट रहा था कि कितनी और बची है जिसे पढ़ा जाना जरूरी-सा लग रहा है। तभी मौसम के अचानक मिज़ाज बदलने का पता आसमान में धड़ाधड़ चमकने लगी बिजलियों ने दिया।

आकाशीय गर्जना के साथ बिजलियों की कड़कडाहट इतनी भयंकर रूप से पिछली स्मृतियों में नहीं थी। मौसम ने विकरालता ली तो बारिश भी झमाझम शुरू हो गई। बिजली चमकती तो पानी के मोटापे का पता चलता। बिजली गुल हो गयी। इंसान की निर्मित बिजली गुल हुई थी। आकाश की बिजली तो अभी भी रौद्र रूप ही धारण किए हुए थी। एक बारगी बिजली कड़कती तो उसकी गर्जना किसी ढलान पर लुढकने जैसी प्रतीत होती लेकिन इससे पहले ही और ज़ोर की कड़कडाहट कलेजे की ठौर छुड़ा देती।

ऐसा नहीं है कि मैंने बीती रात से पूर्व कभी बिजली की ऐसी गर्जना और कड़कड़ाहट नहीं सुनी होगी। कभी गाँव में बारिश के दिनों में आसमान की दहाड़ इससे भी कई अधिक रूह कँपा देनेवाली रही होगी। लेकिन ऐसे डरावने मौसम में मेरी माँ ने मेरे कान अपनी हथेलियों से ढाँप लिए होंगे।

बीती रात ऐसे डरावने मौसम की आहटों के बीच मेरी पत्नी भुवनेश ने भी बगल में ही सो रही बेटी पारुल को अपने सीने से चिपका लिया। इस बीच दो घंटे बिजली गुल रही। तब तक की मौसम ने ख़ामोशी ओढ़ ली। इस बीच उमस और मच्छरों ने बैठे रहना भी मुश्किल कर दिया हम तीनों का। भुवनेश और मैं बातों से व्याप्त डर को ज़ेह्न से बाहर धकेलते रहें। उमस के चलते बेटी पसीने से तरबतर थी। भुवनेश बीजणी से हवा करती रही। उसके हाथों में हवा करते-करते थकन होने लगी तो बीजणी मैंने अपने हाथों में ले ली। मैं बीजणी से बेटी को हवा करता तो हवा के कुछ झोंके हमारे बीच भी बँट जाते।

मेरे हाथ बीजणी को रुक-रुककर गतिमान बनाये रखते। रुक-रुककर इसलिए

कि बीजणी से हवा उड़ाने की आदत मर्दों की रही भी कहाँ है। बीजणी तो हमेशा ही औरत की मुट्ठी में क़ैद रही है। पुरुष को समय की उमस से राहत देने वाली हवा भी इन्हीं औरतों की बन्द मुट्ठी में हिलती हुई बीजणी की बदौलत ही मिलती रही है। मेरे हाथ में हिलती हुई बीजणी बिजली की कड़कडाहट होते ही अपने आप थम जाती। जैसे मेरे हाथ कोई साधारण बीजणी न होकर 'काल बीजणी' लगी है अभी की जितनी रफ़्तार से घुमाऊँगा काल उतना दूर रहेगा।

इस बीच पत्नी की ओर बीजणी की हवा की सघनता बढ़ती तो वह अपने औरत होने पर सावचेत हो जाती। शायद उसे एक पल लगा होगा कि बीजणी से मैं हवा करूँ और वह झट से मेरे हाथ से बीजणी छुड़ा लेती—"लाओ म्हनै द्यो"।

आकाश में गर्जना का आरोह-अवरोह अभी भी जारी था। हमारे डर का भी। सच पूछो तो बीती रात जब बिजलियाँ आकाशीय रणभूमि में हुनरमन्द तलवारबाज़ की तरह तलवारबाजी कर रही थी, तो एक क्षण मुझे भी मेरा कलेजा हलक में आता महसूस हुआ। नहीं डरने के दाँवे हम तभी करते है जब हम अन्दरूनी रूप से अधिक भय से भरे होते है। इस बीच भुवनेश ने एक दो बार बातों ही बातों में कुछ भी अप्रत्याशित घट जाने की टोह ले ली। बोली—"आज तो घणौ ई गाजर्‌यौ मार्‌यां मानैगो। मरा तो तीनूं ही मरां। अेक बी बच जावैगो तो कस्यां रवैगो भापड़ौ।"

ऐसे आक्रान्त मौसम में उसको मृत्यु की चिन्ता जितनी है उससे कई गुना चिन्ता उसे हम तीनों में से एक के बच जाने की है। हम तीनों न जीवन और न मृत्यु में विच्छिन्न नहीं रहना चाहते हैं। डरावना मौसम भी कैसी-कैसी डरावनी कल्पनाओं को बौद्धिक आधार देता है। जीवन के प्रति हमारी गहरी आस्थाएँ ही हमें मृत्यु रूपी सत्य के अधिक समीप ले जाती है। जीवन के प्रति हमारी यह अगाध आस्था हमारी मृत्यु के प्रति निरन्तर की जानेवाली पड़ताल का प्रतिफल है।

सामूहिक रूप से मृत्यु की स्वीकार्यता हमारी जीवन और आपसी प्रेम की व्याख्या भर कर देनेवाली मनोच्छा नहीं है। ऐसी कालजयी सामूहिकता अगाध प्रेम और समर्पण से ही सम्भव है।

एक बजने को था। बिजलियों की कड़कडाहट और बादलों की युद्धीय मुनादी के स्वर थोड़े धीमे पड़े तो अपने कमरे से बाहर निकला। उजाले के त्रिभुज अभी भी आसमान पर रह-रह कर चस्पाँ हो रहे थे। बाहर ख़ामोश सड़क पर बह रहा पानी पूरी शिद्दत से बून्दों के कोरस से बारिश की लयदारी में जुटा था।

"आधी रात
आकाशीय रणभूमि में
चल रही थीं

बिजली की तलवारें
हाथियों-से चिंघाड़ रहे थे बादल
झींगुर साध गये थे चुप्पी
मेढ़कों की आख़िरी टर्र
अटकी थी हलक में
ऐसे स्याह अँधेरे में
जब नहीं थम रही हो
अनथक बिजलियों की कड़कड़ाहट
तब मौसम की कसौटी पर
खरा उतरने की जल्दबाज़ी
नहीं करता कोई
सब अपने-अपने
बरगदों के नीचे खड़े हैं इन दिनों
जो हर मौसम में भीड़ को
अपनी कसौटी पर कसने को
उतारू नहीं होते
बीती रात का मौसम
कृष्ण के अवतरण दिवस-सा मौसम
'कसौटी' पर खरा उतरने सा मौसम था''

कसौटी। बचपन में मिडिल कक्षा में पढ़ी 'कसौटी' कहानी की स्मृति हो आई कि कैसे पापात्मा और पुण्यात्मा को कसौटी पर कसा जाता है। 'कसौटी' कहानी का कथानक कुछ इस तरह है—मूसलाधार बारिश। आकाश में कड़कड़ाती बिजलियाँ। स्याह रात। एक ताड़ के वृक्ष के नीचे सब ग्रामीण इकट्ठें होते है। मौसम की भयावहता के मद्देनज़र सभी को इस बात की गहरी आशंका घेर लेती है कि बिजली ताड़ के वृक्ष पर ही गिरेगी। क्योंकि उनकी नज़र में एक पापात्मा उन्हीं की भीड़ में मौजूद थी। सभी ज़ोर-जबरदस्ती उससे ताड़ के वृक्ष के नीचे से चले जाने को मजबूर कर देते है ताकि वह बिजली के कोप का भाजन न बन सके।

लेकिन होता कुछ और है। जैसे ही पापात्मा से सम्बोधित शख़्स ताड़ के वृक्ष से दूर जाता है, बिजली ताड़ के वृक्ष पर गिर जाती है। हम पाप का निर्धारण करते समय स्वयं की गिनती भूल जाते है। पाप और पुण्य की कसौटी पर ख़ुद को कभी नहीं परखते। बीती रात का मौसम भी कसौटी जैसा ही था। फ़र्क़ था तो सिर्फ़ इतना कि हम आशंकित नहीं थे।

'कसौटी' कहानी का कथालोक चीनी उपन्यासकार मो यान के वक्तव्य, जो उन्होंने सन् 2012 में नोबेल पुरस्कार समारोह में दिया था, के आख़िरी क़िस्से से मिलता-जुलता है। जिसका हिन्दी अनुवाद गीत चतुर्वेदी ने किया।

चीनी उपन्यासकार मो यान अपने व्यक्तव्य के आख़िरी पड़ाव पर एक आख़िरी क़िस्सा सुनाते हैं जो उनके नाना ने उन्हें बरसों पहले सुनाया था। क़िस्सा इस तरह है—"मकान बनानेवाले आठ मिस्त्रियों के एक समूह ने तूफ़ान से बचने के लिए एक जर्जर मन्दिर में शरण ली। बाहर बिजली कड़क रही थी, जैसे आग के गोले उठ रहे हो। उन्हें कोई आवाज़ भी सुनाई पड़ी जैसे कोई ड्रैगन चिंघाड़ रहा हो। वे सब डर गए उनके चेहरे राख जैसे रंग के हो गए। एक ने कहा, हममें से किसी ने बहुत बड़ा पाप किया है, जिससे ईश्वर हम पर कुपित है। जिस किसी ने भी पाप किया है, वह इसी समय मन्दिर से बाहर निकल जाए, जाकर अपनी सजा ख़ुद झेले ताकी बाकी सारे निर्दोष बच जाएँ।

ज़ाहिर है कि कोई भी मन्दिर से बाहर नहीं निकला। तो दूसरे ने सुझाव दिया—'अब चूँकि कोई भी बाहर नहीं निकल रहा है, तो क्यों न ऐसा करें, हम सब तिनकों से बनी अपनी-अपनी टोपियों को दरवाज़े की तरफ फेंकते हैं, जिसकी टोपी मन्दिर के दरवाज़े से बाहर निकल जाएगी, समझ लें कि उसी ने पाप किया होगा। तब हम सब उससे कहेंगे कि वह बाहर जाएँ और ईश्वर द्वारा दी जा रही सजा को कबूल करे।'

सात लोगों की टोपी अन्दर ही रह गयी, सिर्फ़ एक की टोपी बाहर गिरी। इन सातों ने उस आठवें से कहा कि वह बाहर चला जाए, ताकि सजा सिर्फ़ उसे ही मिल सकें। आठवाँ मिस्त्री ना-नुकर करने लगा, वह अड़ गया तो सातों ने उसे उठाया और दरवाज़े से बाहर फेंक दिया। मुझे पता है कि आप सब लोग जानते हैं कि इस कहानी का अन्त कैसे होगा। जैसे ही उन सातों ने उसे उठाकर मन्दिर से बाहर फेका, पूरा मन्दिर भरभराकर धराशायी हो गया।

मो यान के व्यक्तव्य में शामिल रहे इस क़िस्से और मिडिल स्कूलवाली स्मृति में बची रह गई कहानी 'कसौटी' की आत्मा एक ही है। लोक को परखने की कसौटी भी।

इधर बीती रात दो घंटे के इस भयावह मौसम की शान्ति के बाद रात दो बजे बिजली सप्लाई बहाल हुई। लेकिन आकाश की बिजलियों के उजास के चिलके कमरे की दहलीज़ तक अब भी दस्तक दे रहे थे। आकाशीय युद्ध की मुनादी की गर्जना से अभी भी कानों में गूँज बनी हुई थी। कब नींद आ गई पता नहीं चला।

आज सुबह पाड़-पड़ौसी की बातों में रात के मौसम का ज़िक्र था डरा-सहमा देनेवाला।

धरती का प्रेम-प्रसंग यानी पत्ता-पत्ता बूटा-बूटा हाल हमारा जाने है...

25 जुलाई 2015

किसान हूँ जिसकी मौत का कारण कोई कुछ भी गिना देता है। मर भी जाता हूँ लेकिन अन्तहीन बहस छोड़ जाता हूँ। लोकतन्त्र में बहस का हिस्सा भर रहा हूँ सदा। मेरी मौत की असल पड़ताल कोई नहीं करता। नहीं करता है कोई तो ना करे। मुझे किसी से शिकायत भी नहीं। शिकायत करूँ भी तो शिकायत का समाधान किसी के पास नहीं होता।

कल से ही थोड़ा अधिक परेशान हूँ कि मेरी मौत के कारणों की फ़ेहरिस्त में देश के कृषि मन्त्री जी ने प्रेम-प्रसंग और नपुंसकता को भी जोड़ दिया। मन तो नहीं था कि कुछ लिखूँ। पर करूँ भी क्या? और कुछ नहीं सूझा तो कृषि मन्त्री जी आपको चिट्ठी लिखने बैठ गया। पता नहीं आगे आप इस चिट्ठी लिखने को भी मेरी मौत के कारणों की फ़ेहरिस्त में शामिल कर लो कि देखो अब मैं मरने से पहले चिट्ठी भी लिखने लगा। फिर भी।

आदरणीय कृषि मन्त्री जी,
राम-राम सा।

मैं आगे कुछ अधिक लिख बैठूँ इससे पहले ही स्पष्ट किये देता हूँ कि आप द्वारा मेरी मौत के कारणों में प्रेम-प्रसंग और नपुंसकता के गिनाये जाने से मैं क़तई दुखी नहीं हूँ। न नाराज़। आपने सही लिखा अपने संसदीय हलफनामे में कि प्रेम के कारण भी मौत को गले लगा रहा हूँ मैं।

प्रेम ही तो करता हूँ मैं किसान अपनी धरती से। यह प्रेम की ही पराकाष्ठा है जो मुझे मेरे धरती के प्रति मौजूद अगाध प्रेम से विलग नहीं होने देता। प्रेम में ही तो सम्भव है जो मैं मौत की हद पार कर जाता हूँ। मेरी उलाहना में धरती की बेवफाई शामिल नहीं होती। वो तो समझती भी नहीं कि उसके रूठने की वजह से मौत को गले लगा रहा हूँ। आप धरती से प्रेम-प्रसंग को बेहतर समझते है शायद।

मैं भी कितना बावरा हूँ कि धरती से बेइन्तहा मोहब्बत का हासिल मौत है फिर भी अपनी सन्तति को धरती से प्रेम करते रहने का सबक पढ़ाता हूँ। आदरणीय कृषि मन्त्री जी! मेरे खेत की मिट्टी पर एक बार नंगे पैरों कुछ फलांग ठौर तय तो कीजिए, आप भी इसके प्रेम में पड़ जाएँगे। जिनके तलवे धरती का चूमते हैं वो धरती से प्रेम कर ही बैठते हैं। आपने सोलह आना सच ही कहा कृषि मन्त्री जी कि मेरे और धरती के बीच सदियों से चले आ रहे प्रेम-प्रसंग में कुछ दशकों से खटास आ गयी है।

मेरे अत्यधिक प्रेम के कारण धरती बावरी हो गयी है। इन दिनों उसने अपनी असल तासीर को खो दिया है। आप यक़ीन कीजिए मुझ पर। मुझे आपके बयान पर कोई एतराज़ नहीं है। मुझे तो इस बात का गहरा सुकून है कि मैं प्रेम भी कर सकता हूँ। वरना मैं तो बिसर ही गया था कि मैं प्रेमिल भी हूँ। निरा जाहिल मैं। मिट्टी में मिट्टी हुआ रहा बरसों और उसके और मेरे प्रेम प्रसंग को न भाँप सका। अब आपने याद दिलाया तो बता रहा हूँ कृषि मन्त्री जी। इश्क़ में फना होना मैंने धरती से ही सीखा है। आप में कृषि मन्त्री जी और मुझ में यही तो फरक है कि आप का इश्क़ कुर्सी से नहीं छूटता और मेरा इस धरती से। आप को सब कुछ कुर्सी में दिखाई देता है और मुझे इस धरती में। आपकी कुर्सी के इर्द-गिर्द कई-कई प्रेम प्रसंगों के भुजंग लिपटे हैं और मेरी धरती से मेरा इकलौता इश्क़ होता है। आप अपने प्रेम-प्रसंग से सिर्फ़ हासिल करते हो, मैं हूँ कि इसी धरती को वापस लौटा देता हूँ।

लेने और लौटाने के इस सनातन कर्म को आपने प्रेम-प्रसंग की संज्ञा दी तो मुझे भी पता चला कि धरती अब मुझे लौटाने में कोताही बरतने लगी है। मैंने पूछा था आज अलसुबह, उजाले और अन्धियारे की सन्धि बेला में कि धरती तुम लौटाने में कंजूसी क्यों बरतने लगी हो इन दिनों। देश के कृषि मन्त्री जी भी अब तो हमारे और तुम्हारे अटूट प्रेम-प्रसंग के अर्थ खोज लाये हैं।

अब आप से क्या कहूँ कृषि मन्त्री जी! धरती की इस लौटाने की कोताही में भी आप ही की कुर्सी की टाँगे फँसी हुई है। धरती कह रही थी कि "आपके हरित क्रान्ति के लालच ने ही उसकी मिट्टी को मिट्टी नहीं रहने दिया। उसके धर्म को धर्म नहीं रहने दिया। धरती तो यहाँ तक कह रही थी कि उसकी गोद में आपके सुझाये ब्राण्ड के बीज डालता हूँ उसे वह पहचान ही नहीं पाती। उसे तो आज भी मेरे द्वारा हंडिया में सँभालकर रखे जानेवाले बीज याद आते हैं। वह गोबर याद आता है जो कभी उसे उपजाऊ ख़ुशबू से भर देता था। आपके काले और सफ़ेद रसायनिक खाद का नाम जैसे ही मेरे होठों पर आया। सच मानिये कृषि मन्त्री जी ख़ुद उसने मुझे खेत के बीचों बीच से खेत की मेड़ पर धकेल दिया।

सच बताइयेगा कृषि मन्त्री जी! हमारे प्रेम-प्रसंग में बिगाड़ आपके कहने से

किया यह काला-सफ़ेद तो नहीं है। ख़ैर! जाने दीजिए। मैं भी कितना गुस्ताख़ हूँ। संविधान ने चिट्ठी की इजाज़त क्या दी, अपनी औकात बिसर गया। जब मेरा इतना भर उलाहना देने की हस्ती नहीं तो आप जैसी नामचीन हस्ती के बयान पर चिट्ठी लिख देने की हिमाकत कैसे कर सकता हूँ।

हिमाकत तो हिम्मत से आती है कृषि मन्त्री जी! और आप को पता हो न हो प्रेम करने वालों से अधिक हिम्मत दुनिया के किसी ज़र्रे में नहीं होती। प्रेम करता हूँ जैसा कि आपने भी माना है तो प्रेम-प्रसंग में इस तरह की हिम्मत का जुट जाना लाजमी भी है।

अब बात रही नपुंसकता की कृषि मन्त्री जी। जो प्रेम में सच्चा हो वह नपुंसक कैसे हो सकता है। आपके लिए नपुंसकता के क्या मायने हैं, वह तो आप जानो। आप पूर्ण पुरुष जो ठहरे! हमारा क्या हम कभी पूर्ण हो भी नहीं सकते। हाँ, हम नपुंसक है श्रीमान। जो आज आप को और पाँच बरस बाद आप जैसे को ही चुन लेते हैं। हमारी मर्दानगी की यही नपुंसंकता है कि हर बार हम आपके वादों की मृगमरीचिकाओं के छलावे में आ जाते हैं। आप हैं कि अपने इरादे बड़ी देर से दर्शाते हैं। फिर हमारे पास पाँच बरस नपुंसक बने रहने के सिवा चारा भी नहीं रहता।

आदरणीय कृषि मन्त्री जी! चिट्ठी में लिखना बहुत कुछ चाहता हूँ लेकिन चिट्ठी की इबारत इतनी लम्बी न हो जाये कि आप पृष्ठ पलटकर ही डस्टबिन में डाल दो। वैसे आपके यहाँ का डस्टबीन भी बहुत बड़ा होगा ना मन्त्री जी! मैंने नहीं देखा सिर्फ़ अन्दाज़ा लगा रहा हूँ और आप जानते हो या नहीं जानते हो हमारी खेती में अन्दाज़े का बड़ा महत्त्व है। हम उम्र भर बारिश से लेकर अनाजों के भावों के भविष्य का सिर्फ़ अन्दाज़ा ही लगाते रहें है। आपने हमें कभी अन्दाजे से बाहर आने ही नहीं दिया। अभी भी मुझे दूर-दूर तक भी यह अन्दाज़ा नहीं था कि आप मेरी मौत के कारणों में प्रेम-प्रसंग और नपुंसकता को जोरी-जबरी घुसेड़ देंगे।

आप ने घुसेड़ भी दिया तो चिन्ता न करें। अब क्या बताऊँ मैंने तो बहुत पहले से ऐसी बातों पर ध्यान देना बन्द कर दिया है। आप ने भी तो कानों में कपास ठूँस लिया है। अब एक बहरा दूसरे बहरे की बात पर कैसे कान दे सकता है भला। कान क्या मेरा तो आपके कहे पर उलाहना देने का भी मन नहीं हो रहा। पर क्या करूँ, दो दिनों से नींद नहीं आ रही थी। प्रेम चीज़ ही ऐसी होती है आँखों से नींद चुरा लेता है। आप नहीं समझेंगे कृषि मन्त्री जी। मेरे और धरती के बीच पीढ़ियों से चले आ रहे प्रेम-प्रसंग को। आपको समझ के करना भी क्या है? आपको मेरी मौत के कारणों में अपने नये होने के कारण नयी समझ का तड़का देना था, सो दे दिया। आप बड़े अन्वेषी और पातालदृष्टा हैं कृषि मन्त्री जी! मेरी मौत के कारणों की पड़ताल की कोशिश जारी रखियेगा। फिलहाल इतना ही। पत्नी ने रसोई में लहसुन का छौंक

लगा दिया है। मेरी साँसों में धरती के फल की ख़ुशबू सुवासित हो रही है। अब और न लिखा जायेगा। जीवन की भाषा भूख से तृप्त होती है। धरती अपने प्रेम-प्रसंग के बूते मेरे पेट में उतरने को बेताब है। रोटी के निवाले की तरह शब्द तोड़ना आता है मुझे पर क्या करूँ, उन्हें चबाना नहीं आता।

आख़िर में आप से इजाज़त लूँ इन कविता जैसी पंक्तियों के साथ। आपके लिए भी सुविधा हो शायद! तो संसद के शून्यकाल में पढ़ दीजियेगा। मेरी इस चिट्ठी की इबारत न सही कविता की पंक्तियों पर आपके साथी मेजें ज़रूर थपथपायेंगे। हो सकता है संसद भवन से बाहर निकलते हुए प्रधानमन्त्री जी आपकी पीठ भी थपथपा दें।

"धरती से प्रेम है मुझे
उसी की चौहद्दी में शामिल रहा मेरा प्रेम
धरती से इतर
प्रेम करना आया ही नहीं मुझे
तुम्हारी तरह
धरती से प्रेम करते हुए ही
जोता धरती को
उगाया अन्न
भरा पेट उन सबका भी
जो धरती से नहीं करते थे प्रेम
मैं धरती से
जब तक करता रहूँगा प्रेम
धरती घूमती रहेगी
सूर्य के इर्द-गिर्द
कच्चे सूत से बँधे
बैलगाड़ी के पहिये-सी लटकी है
मेरे प्रेम-प्रसंग में यह धरती
यह काला जादू है तुम्हारे लिए
मेरे लिए अमृत्य साधना..."

आपका
प्रेम-प्रसंगी धरती-पुत्र

स्वच्छता के ब्राण्ड अम्बेसडर और मुकेश के बाऊजी

29 जुलाई 2015

"कुम्हार का घर मं फूटी हांडी हौवे, नाई की दाढ़ी बढ़ रही होवै अर तेली का घर मं बघार को तेल बी न्हं होवै, तो कांई का कुम्हार, नाई अर तेली।"

यह बात आज सुबह मेरे मित्र मुकेश की दुकान पर बैठे रहने के दौरान मुकेश के बाऊजी ने कही। मुकेश के बाऊजी। उम्र के सातवें दशक में भी पूरे ज़िन्दादिल इंसान है। स्वच्छता पसन्द। उम्र के इस मोड़ पर भी टिपटॉप रहना उनकी आदत में शुमार है। क्या मजाल कि कुर्ते के ही क्या, धोती पर भी कोई सलवट नज़र आ जाये। घर से जब भी निकलते टिपटॉप होकर ही निकलते। कुर्ता, धोती यहाँ तक बनियान भी नील दी हुई।

यह नीलापन उनके सफ़ेद कुर्ते-धोती में ख़ूब फबता है। बिरादरी से नाई हैं लेकिन 'कुम्हार के घर में फूटी हांडी' वाली कहावत को कभी चरितार्थ नहीं होने दिया। दाढ़ी में रोज फूट आनेवाले बाल उन्हें कतई नहीं सुहाते। वह तो मुकेश को भी डांटने लगे। बोले—"यह देखो, आठ दन होग्या दाढ़ी बणाया, कतनों'क बखत लागै छै उस्तरों फेर'बा मं। अब आप ई बताओ साहब ऊंबी, कांई कौ नांई। जै आठ-आठ दन तांई ख़ुद की ई दाढ़ी न्हं बणावै।"

मुकेश के बाऊजी का स्वच्छता के प्रति ऐसा जागरूक समर्पण देखकर तो लगा कि माननीय प्रधानमन्त्री जी को ऐसे लोगों को ही अपने "स्वच्छ भारत अभियान" का ब्रांड अम्बेसेडर मुकर्रर कर देना चाहिए।

मैंने उनकी इस स्वच्छतापूर्ण रहन को तवज्जो दी तो वह अपने गुजरे समय का एक क़िस्सा सुनाने लगे कि कैसे एक बार वह भवानीमंडी किसी की लगन पत्रिका लेकर गये और जजमान ने उन्हें अचम्भे से देखना शुरू कर दिया था। वह कह रहे थे कि मैं जैसे ही लगन पत्रिका लेकर भवानीमंडी रेलवे स्टेशन पहुँचा। रेलवे स्टेशन पर अगुवांनी करने आएँ। जजमान इस आश्चर्य से भर गया कि एक नाई इतना सजसँवर कर उनके घर पहुँचा।

उन्हें विश्वास ही नहीं हुआ कि कोई नाई भी इतना स्वच्छ और सुन्दर पहनावे

के साथ उनके घर पहुँच सकता है। मुकेश के बाऊजी बता रहे थे कि भवानीमंडी जिस जजमान के घर वह लगन पत्रिका लेकर गये थे उसके घर का एक दरवाज़ा मध्यप्रदेश की सीमा में खुलता है और दूसरा दरवाज़ा राजस्थान की सीमा में। दरअसल हाड़ौती अंचल का भवानीमंडी कस्बा राज्यों की सीमा निर्धारणकाल से ही आधे-आधे बँटवारे की इस विडम्बना से घिरा है। आधा कस्बा मध्यप्रदेश में तो आधा राजस्थान में।

मादक पदार्थों की तस्करी का गढ़ भवानीमंडी। आधे-अधूरे बँटवारे के कारण इस तरह के हालात व्यापार को अप्रत्याशित बढ़ोत्तरी देने में हमेशा से सहायक रहे हैं। आज भी हैं। मुकेश के बाऊजी बता रहे थे कि वह जिस जजमान के यहाँ गए थे उसका गुड़ और महुवे का व्यापार था। जो दरवाज़ा राजस्थान में खुलता उस दरवाज़े से गुड़ का व्यापार और जो दरवाज़ा मध्यप्रदेश में खुलता उस दरवाज़े से महुवे का व्यापार। आप तो जानते ही होंगे कि गुड़ और महुवे का उपयोग कच्ची शराब के निर्माण में बहुतायत से होता है।

लेकिन स्वच्छता पसन्द मुकेश के बाऊजी के भीतर बैठे अन्वेषी इंसान ने इन हालातों को भी अपनी स्वच्छता के पलड़े में तोल लिया। बोले—''गुड़ अस्यो के आपणै यहाँ तो जानवर बी न्हं खावै।''

मुकेश के बाऊजी से पिछले एक दशक में कई बार मिलता-बतियाता रहा हूँ। लेकिन मेरे मन-मस्तिष्क में उनके टिपटॉप रहने की छवि कभी नहीं टूटी। वह जब भी सड़क पर चलते दिखाई देते उनकी चाल में बादशाहत की रौबदारी दिख ही जाती। परिवार के किसी सदस्य की क्या मजाल जो उनके हुकम की उदली कर दें।

आज भी मुकेश के बाऊजी ने एक साँस में जब नाई, कुम्हार और तेली वाली बात कही तो मुकेश और उसके बड़े भाई साहब चुप ही रहे। बोलते भी कैसे उनकी उलाहना की कोई काट उन दोनों के पास नहीं थी। बाऊजी जब अधिक ही पाठ पढ़ाने लगे तो मुकेश ने उन्हें भोजन की याद दिला दी। बोले—''भूख तो कम छै पण अब भावै जै खा ल्यूं छूँ।'' यह कहकर वह बैंच से बैत के सहारे से उठे और घर की राह पकड़ ली।

जैसे ही बाऊजी उठ कर चले गये, दोनों भाईयों ने बाऊजी के गुजरे जमाने के जलवों के क़िस्सों की एक लड़ सी लगा दी। मुकेश के बड़े भाई साहब कहने लगे कि उनके बाऊजी का उनक़े स्कूल के दिनों में टाई लगाकर खिंचाया गया फोटो आज भी उन्होंने सुरक्षित रख रखा है। बाऊजी कभी कोटा आए थे गाँव से तो स्टूडियो में टाई लगाकर फोटो खिंचवाया था।

मुकेश उनके कपड़ों को नील में रंगने की बात को याद करते हुए कह रहा था कि गाँव में वह जिस बिस्तर पर सोते थे, उस बिस्तर के अस्तर भी नील में रंगे हुए

होते थे।

नीले आसमान की तरह विराट व्यक्तित्व के धनी हैं मुकेश के बाऊजी। समझदारी के साठ साल उन्होंने पूरी ठसक से निकाले हैं जो आज भी उनके रोम-रोम से फूटती दिखती है। मुकेश के बाऊजी की यह बाहरी स्वच्छता ही दमकदार नहीं थी, उनका अन्तस भी उतना ही उज्ज्वल है।

इंसान की बाहरी उज्ज्वलता तभी दमकदार हो सकती है जब वह भीतर से भी निर्मल हो। मुकेश के बाऊजी निर्मल है और आप तो जानते ही हैं कि आज के इस निर्मम समय में निर्मलता का कितना अकाल-सा पड़ा है।

बहुत देर हो गई थी मुझे भी घर लौटकर कहीं जाना था। मैंने दोनों भाइयों से विदा ली और घर लौट आया।

डरी हुई रात की हँसती हुई सुबह

2 अगस्त 2015

डर का संजोग ही तो है कि हम कभी-कभी अपनी परछाई से भी भय खा जाते हैं। बीती रात दस बजने को थे। पड़ोसन ने पारुल की मम्मी को घर के दरवाज़े से बाहर बुलाया। बोली—"पारुल की मम्मी थांकै बी हळ्द अर मेहंदी का छापा लगवा ल्यौ। रात मं जाणै कुण आतो बतायौ। सिलबट्टा पै ठक-ठक करै छै। अस्यां मं कोई बोल जावै तो जै बोले ऊँ मर जावै छै।"

यह डरावने शब्द मेरे कानों की कोठर में पड़े तो मैं भी बाहर चला गया। बाहर जाकर देखा तो दो मकान छोड़कर पड़ौस में औरतों का जमघट लगा था। किसी के हाथ में हल्दी तो किसी के हाथ में मेहंदी की कटोरियाँ थी। सब के मुँह पर एक ही बात थी कि जिसकी भींत पर हल्दी और मेहंदी के हाथ से छापे लगे होंगे उस घर में यह डरावनी ठक-ठक नहीं होगी। न ही कोई घर का कोई सदस्य अकाल मौत का शिकार होगा।

अन्जाने भय से भर इन औरतों की बातों से थोड़ी देर में ही डर के मूल क़िस्से का पता लग गया। एक बुज़ुर्ग महिला कह रही थी कि उसने सुना है कि बाराँ जिले में किसी ने अपनी पत्नी की गरदन काटकर हत्या कर दी। इतना ही नहीं उस क्रूर पुरुष ने धड़ से अलग किये अपनी पत्नी के सिर को सिलबट्टे से रगड़ भी दिया। सिलबट्टे से रगड़े गये सिरवाली औरत की आत्मा इन दिनों भटक रही है। वह औरत एक कीड़ा बनकर घरों में घट्टी और सिलबट्टे पर कुछ निशान बना जाती है। पत्थर को टींचने वाले इस कीड़ें की ठक-ठक देर रात को सुनाई देती है। इस दरम्याँ घर का कोई सदस्य बोल जाये तो वह मर जाता है। एक बारगी तो इस डरा देनेवाली अफ़वाह पर मुझे भी यकीन नहीं हुआ, लेकिन भययुक्त बातों की आवृत्ति अधिक होती है तो उस भय के मायाजाल में मनुष्य का विवेक उलझ ही जाता है। यह औरतें भी भय के इस अन्जाने मायाजाल में उलझी थी। भय इतना कि अपने दरवाज़े के दोनों ओर लगे हथलेवों के निशान अधिक से अधिक उघाड़ियाँ बनाने में जुटी थी।

गाँव अफ़वाहों की ज़द में शहर से कहीं पहले और अधिक आता है। इन

दिनों भी ऐसा ही हुआ था। गाँव में ऐसी अफ़वाहों के पैर बड़ी जल्दी टिकते हैं और व्याप्ति भी अधिक होती है। इन औरतों के हुजूम से एक फलांग दूर हम पड़ौसी आदमी, औरतों के अधिक डरपोक होने के तर्क दे रहे थे। वहीं भयग्रस्त औरतों की बातों में ख़ुद के बचे रहने की चिन्ता से कहीं अधिक उनके बच्चों और पति परमेश्वरों के बच जाने की अरदासें थी।

औरतें ख़ुद की चिन्ता कम और परिवार की चिन्ता अधिक करती हैं। आदमी की चिन्ता में यह सामूहिकता के गुण बड़ी देर से प्रकट होते हैं। इस रूह कँपा देनेवाली अफ़वाह की सच्चाई के कई क़िस्से इन औरतों ने पिछले दो-तीन दिनों में सुन लिये थे। औरतों के हुजुम में ऐसे ही क़िस्सों की बाढ़ आयी थी। वहाँ ऐसा हुआ, वहाँ वैसा हुआ। हम आदमियों की बातों में स्मृतियों में दबे ऐसे क़िस्से शामिल हो गए जो हमारे सामूहिक भय को कम कर सकें।

पड़ोस वाले अंकल जी कहने लगे—"एक बार उनके गाँव में एक ज़िन्दा व्यक्ति ने तीन व्यक्तियों को किस तरह से घिग्गी बँधा दी थी। कहने लगे हमारे गाँव में तीन व्यक्ति देर रात को दूसरे गाँव से लौट रहे थे। तभी गाँव के ही एक व्यक्ति ने स्याह अँधेरे से चिलम पीने की इच्छा ज़ाहिर कर दी। अन्धियारी रात में इन तीनों राहगीरों के ज़ेह्न में भूत का भ्रम घर कर गया। दूसरे दिन तीनों बीमार पड़ गये। तीनों के भीतर से रात वाले भूत का भय निकाले नहीं निकले। आख़िरकार चिलम पीने व्यक्ति ने रूबरू आशंकाओं के बादले छाँटे तो उनके मन का मौसम सुहाना हुआ।

इस बीच मैंने भी अपने आप के आधुनिकबोध वाला व्यक्ति होने का तर्क दे डाला। बोला-"भूत-ऊत कुछ नहीं। सब मन का भ्रम है। बेसिर-पैर की ऐसी अफ़वाहें कई बार उड़ती रही हैं। मैंने मोबाइल की घंटियों के कानों में बजते रहने का साधारण सा उदाहरण दिया कि कैसे कई बार हमें घंटी नहीं बजने के बावजूद कानों में घण्टी बजती हुई सुनाई देती है। ऐसे ही सिलबट्टा टीचने वाले कीड़े की ठक-ठक भी हमारे मन में बैठ गई। हमें छप-छप की आवाज भी ठक-ठक ही सुनाई देगी। मेरे इस उदाहरण को सब ने सच तो स्वीकार किया लेकिन डर की परछाई अभी भी ज्यों की त्यों बनी हुई थी।

अंकल जी द्वारा भय के भूत का क़िस्सा सुनकर मुझे भी ग्याहरवीं कक्षा का एक क़िस्सा याद आ गया। हम जिस मकान में किराये का कमरा लेकर अटरू में पढ़ाई करते थे। उस मकान के सामने दूर-दूर तक खाली प्लॉट पड़े थे। कमरे का दरवाज़ा खोलते तो सिंयासट्ट ही नज़र आता। एक रात आस-पास रह रहे मित्रों ने हमें डराने के लिए एक कौतुक रचा। सामने के खाली प्लॉट में एक मित्र को सफ़ेद चादर ओढ़ाकर बिठा दिया। देर रात तक पढ़ाई के दौरान हम कमरे का दरवाज़ा और

खिड़की खोल लेते।

अचानक से सामने वाले प्लॉट में सफ़ेद चादर की हलचल दिखी तो मैं डर गया। मैंने अपने रूम पार्टनर को जगाया। वह मेरी तरह डरपोक नहीं था। उसने आव देखा न ताव लकड़ी उठाई और गालियाँ देता हुआ प्लॉट की ओर बढ़ गया। सफ़ेद चादर में लिपटे हुए मित्र को भाग-छूटने में देर न लगी। थोड़ी देर में पड़ौस के तीन-चार मित्र छात्र आ धमके। पहले तो बातों ही बातों में डर चिन्हने लगे पर एक हँस दिया तो पोल खुल गयी। जो मित्र सफ़ेद चादर लपेटकर भूत बनने का अभिनय करके लौटा था उसकी साँसों की धूकणी थमने का नाम नहीं ले रही थी।

इधर औरतों के ज़ेह्न से डर निकलने को राजी नहीं था। उसकी थोड़ी-थोड़ी प्रतिछाया हमारे तक भी आ रही थी। औरतों के इस भय में बच्चे और हम पुरुष ही शामिल थे। स्वयं के लिए प्रार्थना करना तो शायद औरतों ने सीखा ही नहीं। जब समझ की जमीन उर्वरा हुई तो प्रेमी के लिए, यथार्थ के धरातल पर पैर टिके तो पति के लिए और भविष्य के सपनों ने बागडोर सँभाली तो औरतों की सारी प्रार्थनाएँ अपने बच्चों के लिए। औरतों की प्रार्थनाएँ कभी व्यर्थ नहीं जाती है। जाती भी कैसे उन प्रार्थनाओं में ख़ुद औरत का भला कभी शामिल ही नहीं रहा। कहते भी हैं ''ख़ुद से अधिक दूसरों के लिए की जानेवाली प्रार्थनाएँ अधिक फलती हैं।''

आज भी भय से मुक्ति के लिए इन औरतों द्वारा की जा रही प्रार्थनाओं में हम और बच्चें ही शामिल थे। मेरी सात साल की बेटी पारुल अपनी मम्मी के गोद से चिपटी यह सारे बातें सुन रही थी। उसके लिए डर का ऐसा संसार पूर्णतः अपरिचित था। लेकिन मुझे उसकी तरफ देखकर लगा कि उसके मन में डर का एक छोटा-सा टापू बन गया है। मैंने उसे, घर चलकर उसे उसका पसन्दीदा कार्टून चैनल दिखाने का प्रलोभन दिया लेकिन वह अपनी मम्मी की गोद से विलग न हुई। डरे हुए बच्चों के लिए माँ की गोद से अधिक सुरक्षा देनेवाला कोई स्थान नहीं होता। माँ की गोद इस कायनात की सबसे पुरसुकून जगह है। जहाँ कभी कोई भ्रम का भूत नहीं फटक सकता। न ही कोई बारली हवा औलाद का ललाट छू सकती है।

ग्यारह-साढ़े ग्यारह बजने को थे। यह डर की हथाई कब तक होती। हम सब भय से मुक्त रहने की दिलासा देते हुए अपने-अपने घर लौट आए, लेकिन मन-मस्तिष्क में सिलबट्टे की ठक-ठक साथ लिए आए थे। पूरी रात कठफोड़ा-डर स्याह रात के सिलबट्टे को ठक-ठक करता टीचता रहा। दीवार पर टँगी घड़ी की सूईयों की टक-टक, ठक-ठक सी महसूस होती रही।

सुबह देर से आँख खुली। भुवनेश को सिलबट्टे के पास एक छिपकली दिखाई दी। चलने में थोड़ी लाचार। छिपकली और सिलबट्टे के सामीप्य ने उसको रातवाली बात याद दिला दी। उसे लगा डरवाला कीड़ा बीती रात छिपकली बन कर

आया था। लेकिन न तो सिलबट्टे पर कोई निशान थे और ना ही हम मरे थे। मैं उससे यह कह न सका कि जब डर से कुछ नहीं मरता तो डर स्वयं मर जाता है। थोड़ी देर बाद वह सिलबट्टे पर मसाला बाँट रही थी जैसे भीतर व्याप्त हुए डर की चटनी बना रही हो। दोनों की निगाहे मिली तो जोर से हँस दी। हमारी सामूहिक हँसी सुनकर डर रोता हुआ कहीं दूर चला गया था।

बारिश का भाड़

11 अगस्त 2015

दोपहर ढली ही थी कि आकाश में काले बादल घिर आये। थोड़ी देर में झमाझम बारिश शुरू हो गयी। इस बार मानसून की मेहरबानी अधिक रही। बचपनवाली अच्छी बारिश की स्मृतियाँ रह-रहकर मन-मस्तिष्क में कौंधने लगी। जब गाँव में मीडिल कक्षाओं का विद्यार्थी था। वह समय ही ऐसा था कि बारिश ख़ूब होती थी। आठ-आठ दिन तक झड़ लगे रहते थे।

हम सब की स्मृतियों में बचपनवाली बारिश अपना स्थाई घरौंदा बना लेती है। मुझे याद आता है कि कैसे गाँव में कुछ दूर स्कूल तक बारिश की झड़ों में पहुँच पाना मुश्किलों से भरा होता था। एक अदद प्लास्टिक का कट्टा जिसे इस तरह से इस्तेमाल करते थे कि न बस्ता भीगे और न ही किताबें। पहले आज जैसे चमचमाते, रंग-बिरंगे बस्ते किसी के पास नहीं होते थे। प्लास्टिक के थैले कन्धों पर टँगे रहते या फिर नये तरीके के बस्तों की नकल में अच्छे बस्ते बनवाने लगे। बस्तों के अच्छेपन का यह हुनर गाँव में एक दो को ही आता था। दर्जी तो ना ही कर देता था।

बारिश के मौसम में कई दिवस अघोषित छुट्टी के साये में बीतते। कई दिनों तक स्कूली मैदान में प्रार्थना सभा का आयोजन नहीं हो पाता था। अपने-अपने क्लास रूम में प्रार्थना का कौरस मिलाते। बारिश के दिनों में राष्ट्रगान ने कई बार भिगोया। कानों में राष्ट्रगान के बोल पड़े नहीं कि जहाँ का तहाँ खड़ा रहना, बड़ी निष्ठा का सूचक था।

आज आसमान के इस आशीर्वाद में पुराने दिनों की ख़ुशबू का पता मिल रहा था। कैसे बारिश के दिनों में गाँव हरा-भरा हो जाता। नदी-नालों का उफान किनारों का गुरूर नेस्तोनाबूद कर जाता। जो इस पार वह इस पार, जो उस पार तो फिर उस पार।

आज शहर में ज़रा-सी बारिश हुई न कि चाट-पकौड़ी और कचौरी की दुकानों पर भीड़ सी लग जाती है। शहर में लोग बारिश का जायका इन्हीं चटपटी चीज़ों से लेते है। लेकिन गाँव पुआ-पकौड़ी, चिलड़ों का। इन साधारण स्वादी

प्रतिक्रियाओं के अलावा गाँव में 'भाड़' मौसमी दुकानदारी है। जहाँ गेहूँ, मटर, मक्का, ज्वार, चना सब भाड़ में ख़ूब हँसते-खिलते, उछलते-कूदते नज़र आते थे।

गाँव में बारिश में इस भाड़ चलानेवाली महिला को सब "भाड़वाले बुआजी" कहते। फ़क़ीरों के इन भुआजी का ख़ुद का घर तो गाँव के अन्तिम छोर पर था, लेकिन वह बीच गाँव में किसी की चबूतरी पर भट्टी बना भाड़ फोड़ना शुरू कर देते थे। दोपहर को स्कूल से घर लौटते तो तौलिये के एक खूँट मक्का-ज्वार बाँध पहुँच जाते भाड़ फुड़ाने।

लोहे की बड़ी-सी तगारी में तपती हुई बालू रेत पर जैसे ही मक्का-ज्वार के दाने पड़ते हजारों सफ़ेद-सफ़ेद अन्न के फूलों से रेत को ढक लेते है। बचपन में पहली बार बालू रेत पर अन्न के फूल खिलते हुए देखे। मक्का की फूली से ज्वार की फूली अधिक स्वादिष्ट लगती थी। कभी-कभी गेहूँ की धाणी भी फुड़ा लाते, गुड़ में मिलाकर खाते तो सारे पकवान फीके नज़र आते। सिके हुए अन्न का स्वाद ही निराला होता है। शरीर के कफ को कम करता है। यह बात आयुर्वेद भी कहता है।

कहते तो है कि 'अकेला चना भाड़ नहीं फोड़ सकता' लेकिन भाड़ वाले बुआजी के भाड़ में तो अकेला चना भी भाड़ के ताव का पता देता है। भाड़ वाले बुआजी इसी ताव से पसीने में झागरा-झीगरी हुए रहते। अपने दुपट्टे से पसीना पौंछते और फिर हम बच्चों के हाथों से पोटली ले कर अनाज को 'ढोबे' से बाँटना शुरू कर देते। गेहूँ हो तो आधा-आधा। आधा तपती बालू में तो आधा अपने गल्ली में। यही मेहनताना था। जो भी अन्न भाड़ में झोंकने को लाते उसका इसी तरह से बँटवारा होता। ज़िद करते तो थोड़ा-सा और तपती बालू पर डाल देते।

बारिश की रिमझिम में जलता हुआ, भाड़ धुंआँ देने लगता तो बुआजी लोहे की फूँकणी से फूँक मार धुएँ को हवा में उड़ा देते। गाँव में बारिश के दिनों में बिठाना अधिक रहता है। नदी-नाळों का उफान खेतों की राह बड़ा रोड़ा बनकर आता। भीगी हुई छतरियाँ सूखे चबूतरों से दूर नतरती रहती। हम गोखड़ों पर बैठ चबीना चबाते रहते। कभी-कभी तो यह चबीना हाजमा भी बिगाड़ देता। पेट में घुड़-घुड़ सी मच जाती।

अन्न के बदले अन्न का यह व्यापार भाड़ वाले बुआजी पूरी ईमानदारी से करते थी। शाम को अपना भाड़ समेट कर जिस गली से भी होकर भाड़ वाले बुआजी अपनी राह पकड़ते, बच्चों की माँये उलाहना भी दे देती। कहती—"बुआजी आज थांनै फूली बाळ दी जी भायी, कांई चोखी न्हं लागी।" माँओं के इस उलाहने को बुआजी हँस कर टाल जाते। कहते—"कांई करूँ भाभीजी आज भीड़ ई मनमान छी, छोरां-छोर्यां नै आसंग ई न्हं पड़्बा द्यौ।"

''कौन कहता है ?
अकेला चना नहीं फोड़ सकता भाड़
बुआजी के भाड़ में तो
अकेला चना भी
तपती बालू पर फुदक ही जाता है।

अकेले भी फुदका जा सकता है
चने के एक दाने की तरह
अकेला फुदकने के लिए भी
चाहिए होता है भीतर का ताव

आजादी के भाड़ में
कई अकेले चनों ने फोड़ा है भाड़
भाड़ की बाळू में तपा चना
हो जाता है पोसरा

भीतर से पोसरा होने के लिए
समय की बाळू पर
तपना जरूरी है चने की तरह

सोना तपकर
हो जाता है कुन्दन
चना तपता है तो
हो जाता है पोसरा
आदमी तपता है तो
हो जाता है मनुष्य।''

जिस सिरहाने पर...

18 अगस्त, 2015

"किताबें झाँकती हैं
बन्द आलमारी के शीशों से
बड़ी हसरत से तकती हैं
महीनों अब मुलाकातें नहीं होतीं
जो शामें उनकी सोहबत में कटा करती थीं
अब अक्सर गुज़र जाती है
कम्प्यूटर के पर्दों पर
बड़ी बेचैन रहती हैं
किताबें

किताबों से जो ज़ाती राब्ता था
वो कट गया है
कभी सीने पर रखकर लेट जाते थे
कभी गोद में लेते थे
कभी घुटनों को अपने रिहल की सूरत बनाकर
नीम सज़दे में पढ़ा करते थे, छूते थे जबीं से
वो सारा इल्म तो मिलता रहेगा आइन्दा भी
मगर वो जो किताबों में मिला करते थे
सूखे फूल और महके हुए रुक्के
किताबें माँगने, गिरने, उठाने के बहाने
रिश्ते बनते थे
उनका क्या होगा
वो शायद अब नहीं होंगे।"

इस नज़्म में किताबों के अन्तस में घूम आनेवाले गुलज़ार का आज जन्मदिन है। यह नज़्म जब भी सुनता–पढ़ता हूँ, किताबों से जुड़ी कई स्मृतियाँ ज़ेह्न में चमचमाने लगती हैं। कई सारी किताबें मन के अन्तरिक्ष में नन्हें सितारों सी दिप–दिप करती हैं।

हम बचपन में समझ की थोड़ी राह पर चले ही थे कि किताबों ने अँगुलियाँ थाम लीं। पहले–पहल जब नन्हें हाथों ने किताबों के पन्नों को छुआ था तो वह अहसास ही अलहदा रहा। उन दिनों किताबों को अपने नन्हें हाथों से पलटा किये। एक साथ पूरी किताबें मिलती भी कहाँ थी उन दिनों। हिन्दी, गणित की किताब मिल गई तो अँग्रेज़ी की नहीं मिली। वो भी छठी कक्षा में। पाँचवी के स्तर तक अँग्रेज़ी थी भी कहाँ। छठी कक्षा में आई तो बजोग–सी लगी।

गाँव के बच्चों को अँग्रेज़ी ने सबसे अधिक डराया। एक तो कक्षाओं में देरी से आती और फिर मगज़ में आसानी से नहीं उतरती थी। मैं तो हमेशा अँग्रेज़ी के भय के साये में रहा। सब से अधिक माटसाब इसी के मीनिंग याद करने के लिए कहते और याद है कि होते ही नहीं। फिर क्या खड़े पैमाने की मार से हथेलियाँ लाल हुई रहतीं। कुछ भी हो खड़े पैमाने के डर ने अँग्रेज़ी की किताब को भी घर नहीं भूलने दिया। मीनिंग का गुटखा साल में दो–तीन बार खरीदना पड़ता। मीनिंग का गुटखा–बिल्कुल हनुमान चालीसा–सा छोटा–चौकोर। पीले रंग का कवर। कई बार माटसाब भी गुटखा हाथ में लेकर ही मीनिंग पूछा करते, शायद वो भी बिसर जाते होंगे। उनके बिसरने का क्या! सवाल तो हमारे याद करने का था।

हम बच्चों में से कोई न कोई किसी न किसी किताब से तो भय खाता ही था। मैं अँग्रेज़ी से डरा रहा तो कोई गणित से। कोई ऐसा भी था जो 'संस्कृत सबकी नानी, शाम को पढ़ी और भूल जानी'। हम सबके डर भी भिन्न–भिन्न तो होते ही हैं। मुझे तो इस बात ने भी डराये रखा कि मन लगाकर नहीं पढ़े तो भविष्य में अन्धकार के सिवा कुछ नहीं हाथ लगेगा। पिताजी छोटी काश्तवाले किसान। ऐसे में पढ़ाई ही अन्तिम रास्ता था। जिस पर चलकर भविष्य की उज्ज्वल मंजिल पा सकता था। इस महत्त्व को मैं जब भी कमतर समझने लगता माँ झिड़क देती—"मत पढ़ौ, न्हं पढ़ैगा तो लागज़्या ज्यौ हाळी। और करैगा बी कांई।"

माँ–बाऊजी ने कभी स्कूल का मुँह नहीं देखा, पर मुझे हमेशा पढ़ाई के लिए प्रोत्साहित करते रहे। किताबें–कॉपियाँ थोड़ी–सी फट जातीं, माँ लेई बनाकर उनको चिपका देती। किताबों पर पॉलीथीन चढ़ाने का मन होता तो कपड़े धोने के पाउडर (सर्फ) की थैली को बढ़िया धोकर चढ़ा लेते। मीडिल कक्षाओं तक स्टेपलर ने बस्तों में घर नहीं किया था। माँ के पास इसका भी उपाय था। छोटी सुई लेती और पॉलीथीन को किताब के कवर पेज पर बड़े सलीके से सफ़ेद धागे से सिल देती।

बचपन में किताबों को सजाने-सँवारने में जुलाई के दिनों पूरा घर जुट जाता। गलती से ज़रा-सा पैर का पंजा भी अड़ जाये तो किताब को छूकर माफ़ी माँग लेते। किताबें थी ही इतनी पूजनीय कि जिस बस्ते में रहती थी, उस बस्ते की तनी के रक्षा बन्धन पर राखी बाँधना नहीं भूलते थे। कई बार तो पुरानी किताबों से काम चलाना पड़ता।

किताबों से ऐसा रिश्ता अब वक़्त के भँवर में फँस कर कहीं गुम-सा गया है। वह भी क्या वक़्त था कि किताबों की आवाज़ाही कोमल रिश्तों की नवीन राह बनाये रखती थी। कॉपी-किताबों की इस आवाजाही के मौसम में ही रिश्तों के फूल खिलते थे। कॉपी-किताबों के पिछले पन्नों पर ऐसे रिश्तों की कच्ची शुरुआत के चिन्ह मिला करते थे। कभी-कभी कच्ची शुरुआत वाले यह पक्के रिश्ते जीवनभर दिल की आलमारी में बन्द रहेंगे। कभी समय की तहें बदलतीं तो कोई सूखा हुआ कनीर का फूल और एक सिकुड़ा सा मोरपंख उन पवित्र दिनों की याद दिला देता है।

हमारे ज्ञान की सीमाओं को नया विस्तार इन किताबों ने ही दिया है। जो कहीं नहीं था, न आस-पास, न ही भीतर, वह इन किताबों में मिला। कुछ किताबों के मोहपाश में बँधे रहे तो कुछ को कबड्डी की क्वालीफाई लकीर की तरह केवल छू भर लेने की जद्दोजहद में जुटे रहे। कुछ भी हो, किताबों से मोह नहीं छूटा। अब तो किताबों की दुनिया के ही असल बाशिन्दे हो गये तो, कोई रास्ता भी नहीं सूझता। घर में बर्तनों से कई गुना किताबें हैं। कभी पत्नी बिना काम की किताबों को ठिकाने लगाने को कहती तो भी मोह नहीं छूटता।

किताबों के मोह से याद आया कुछ दिनों पहले मुकेश की सैलून की दुकान पर तेजाजी के दिलोदा गाँव के एक अधेड़ व्यक्ति से मेरी इत्तेफाकन मुलाकात हुई। इस अधेड़ व्यक्ति का नाम है प्रभुलालजी। इनके शौक और आदतों की फेहरिस्त लम्बी हो सकती है, लेकिन इनका किताबों के प्रति जुनून अलहदा है। प्रभुलालजी खाये बिना रह जायें, लेकिन पढ़े बिना नहीं रह सकते। पिछले बीस-पच्चीस बरसों से कोटा की डिविजनल लाइब्रेरी के यह आजीवन सदस्य हैं। पढ़ने का ऐसा जुनून और किताबों से ऐसी मुहब्बत कि प्रभुलालजी ने इन वर्षों में सैकड़ों किताबें पढ़ लीं। यह सिलसिला अभी भी जारी है।

गाँव से शहर बेटे से मिलने आते तो कभी डिविजनल लाइब्रेरी जाना नहीं बिसरते। सादगी के पयार्य प्रभुलालजी धोती-कुर्ता पहनते हैं और किताबों से भरा थैला साथ टँगा रहता है। उस दिन भी मुकेश जब उनके इस किताबों के प्रति अगाध प्रेम का ज़िक्र कर रहा था तो मुकेश के भाई साहब ने प्रभुलालजी के कँधे पर टँगा थैला टटोलना शुरू कर दिया था। थैले में निकलना भी क्या था किताबों के सिवा। उन्हें इतिहास और ऐतिहासिक क़िस्सों से लबरेज़ किताबें पढ़ना अधिक पसन्द है। मुकेश के भाई साहब बताने लगे थे कि उनके पिताजी और प्रभुलालजी ख़ास दोस्त

हैं और किताबों के प्रति ऐसा जुड़ाव जवानी के दिनों से ही रहा। पढ़ाई छूट गयी लेकिन किताबें नहीं छूटीं। रामचरित मानस और गीता के कई अध्याय इन्हें मुख़ज़ुबानी याद थे। लाइब्रेरी जब तक नहीं पहुँचे थे। कभी दोस्तों के साथ बहक भी जाते तो गालियों की जगह रामचरितमानस की चौपाइयाँ ही निकलतीं। अब लाइब्रेरी में यह किसानी पाँव पड़ते ही रहते हैं। अब तो ऐसा समय आ गया कि अभिजात्य पाँव भी पुस्तकालयों में नहीं पड़ते।

जितनी बातें किताबों की उतनी ही बातें किताबों में क़ैद हैं। लाखों किताबें पुस्तकालयों की आलमारियों में मूर्छित पड़ी हैं। फिर भी किताबों की बस्ती है कि वीरान नहीं होती। कोई न कोई बाशिन्दा अपने समर्पण से किताबों की राह बुहार ही देता है।

किताबों में कई-कई सूरज जगमगा रहे हैं। उम्मीद की उज्ज्वल किरणों से उनके अरबों हर्फ़ रौशन हैं। अल्फाज़ों की यह रौशनाई हमारी भविष्य की राह को हमेशा उजला बनाये रखेगी। किताबों की उम्मीद को शब्द देती मुझे मेरी कविता की कुछ पंक्तियाँ याद आती हैं—

"जिस सिरहाने पर सिर रखकर सोती
वह किताबों का भी सिरहाना रहा
कभी
कुर्सी पर बैठे ली उनींदी अंगड़ाई
मेज़ से गिर
बोल उठी किताबें
कि उन्हें कब पढ़ा जाना है।

हवा आती
फड़फड़ाने लगती किताबों के पंख
बोलने वाली किताबें कर देती बन्द
उड़ जाने के भय से
उसका कमरा
किताबों का कैदख़ाना !"

एक गोली सीने से आर-पार

31 अगस्त, 2015

कुछ दिनों पहले तक झमाझम बारिश से धरती का कण-कण भीगा। धरती उतनी जितनी मेरी आँखों की चौहद्दी में सिमट जाती है। मन के भीतर के आकाश में घूमने वाली धरती बहुत बड़ी है। आज ही की बात करें। दुपहरी चटक धूप के साये में लप-लप कर रही थी। सुबह का सूरज भी निकला तो आँखों में तल्खी लिए। शाम को अचानक बारिश ने पहले धरती के तपते हुए चेहरे पर सपड़ाव किया फिर तरबतर। इन दिनों मौसम में ठहराव की कमी खलती है और मन की भी। हर पहर बदलाव की तप्त और शीतल बयार है।

हाथ में टीवी रिमोट लिया नहीं कि किसी चैनल पर देर तक न आँखें ठहरती और न ही कान सुनते जाने को आमाद लगते हैं। जो वक्तव्य कानों में पड़ते हैं शाम तलक अपनी जगह से उखड़े हुए लगते हैं। सब देखा और सुना अस्थाईपणे की ज़द में हैं। कल ही कन्नड़ भाषा के विद्वान लेखक डॉ. एम.एम. कलबुर्गी की गोली मारकर की गई हत्या की घटना सन्न कर देनेवाली थी। यह केवल एक लेखक की हत्या नहीं थी। यह उस विचार की भी हत्या थी, जिसके प्रसार की जद्दोज़हद में एक लेखक अपने जीवन को पूरी शिद्दत से गुज़ार रहा था। एक लेखक की इस तरह से हुई हत्या से मेरे भीतर का लेखक सिहरन से नहीं, आक्रोश से भरा था। विचार से असहमति पर हत्या जैसा जघन्य अपराध। एक और अपराध के सिवा कुछ न था। जिस पर सब आक्रोशित थे। ऐसा आक्रोश, जिस ज्वालामुखी के फूटने का कोई रास्ता नहीं था। यह समय हमें किसी चौराहे पर ठहरने की इजाज़त नहीं देता। जो सिर्फ़ हमें किसी न किसी राह को चुन लेने को उद्वेलित करता है। आज भी चहुँओर उद्वेलन तो था पर उसके निकष का कोई रास्ता नहीं सूझ रहा। प्रतिरोध की सारी धारे कुन्द हैं इन दिनों। ऐसे में युद्ध की मुनादी का विचार तो कहाँ ठहर सकता था भला।

बचपन में माटसाब सिखाते थे—"किसी की खींची गयी लकीर मिटाने के लिए कोई कौतुक रचने के बजाय हमें उस लकीर के बगल में लम्बी लकीर खेंचने

की कोशिश करनी चाहिए।'' आज हम ऐसा क्यों नहीं कर सकते कि कोई गोली किसी असहमति से भरे विचार का सीना छलनी करने के बजाय, उसी के बगल अपने विचार की कोई लम्बी रेखा खींच दे।

जिसे हम तर्क की संज्ञा देते नहीं थकते। वह तर्क भी अपना उद्भव असहमति की कोख में ही तो तलाशता है। हम अपनी विचारधारा के तरकश से तर्क का कोई मज़बूत तीर क्यों नहीं निकाल पा रहें। दरअसल हम सब गहरे अतिविश्वास से भरे हैं। हम अपनी आँखों की चौहद्दी में शामिल को ही सत्य की संज्ञा से नवाज़ते रहने की आदत से भर गये हैं। हम नेपथ्य के पीछे देख लेने की दृष्टि खो चुके हैं। हम या तो वह देख रहे हैं जो हमें दिखाया जा रहा है या फिर वह जिसे देखते रहने की आदत-सी हो गयी है। मरना सबको है, उनको भी जो सहमति में केवल सिर हिलाते हैं और उनको भी जो अपना सिर ऊपर-नीचे के बजाय दाएँ-बाएँ हिलाते हैं। संकट तब बड़ा हो जाता है जब हम यह सिर आँख-कान बन्द कर के लगातार एक ही दिशा में, एक ही तरीके से देर तक हिलाते रहते हैं। यूँ देर तक एक ही तरीके से सिर हिलाना बहुत कम, कलबुर्गी जैसे लोगों के ही बूते में होता है। जिन्हें एक न एक दिन ताबूत में धर दिये जाने का भय नहीं होता। यहाँ भी ताबूत में मिट्टी हो जाने वाली देह होती है। विचार तो आत्मा की तरह स्वच्छंद पाँखी हो उड़ जाता है। विचार की यही उड़ान लेखक की असली उड़ान होती है। विचार की यह विचरणी आत्मा किसी गोली से लहूलुहान नहीं होती। वह हमेशा समय के पेड़ पर पंख फड़फड़ा, उड़ती और उतरती रहती है। समय के बदलते मौसम के प्रति हमें सावचेत करती रहती है।

''एक गोली
सीने के आर-पार
एक सीना
छलनी लहूलुहान
एक ताबूत
जिसकी चौहद्दी में लेटी देह
एक आत्मा
जो विचार की तरह
घुली हवा में
एक हवा
जो कभी भी हो सकती है
दमघोंटू।''

कई दिनों से उमस ने हवा की आँख में नमी बना रखी थी। आज हुई झमाझम बारिश ने हवा की आँख की नमी छीन ली। फिर बरसाती नाले उफान ओढ़ आए। सड़कों के पैबन्द दमकने लगे। पेड़ों के पत्तों का हरापन तेज़ धूप की झुलसन की ज़द में ही था अभी। मुझे तो अभी और बारिश का इन्तज़ार है और उम्मीद है - ''हवा की आँख में नमी नहीं पानी होगा।'' उम्मीद है—''नदी होगी उफान पर।'' उम्मीद है—''पहली बारिश के बाद ही सड़क पर नहीं लगाने पड़ेंगे पैबन्द''। उम्मीद का क्या ख़ूब बारिश में नहाये पत्ते-सी हरी कच्च रहेंगी ही हमेशा-हमेशा। एक वैचारिक आत्मा की तरह।

जिन्होंने पलकों में धरे सपने

5 सितम्बर, 2015

शिक्षक दिवस। फेसबुक वॉल से लेकर अखबार के पन्नों में शिक्षक दिवस के समाचार भरे हैं। आज का दिन उन शिक्षकों-गुरुजनों को याद करने का दिन है जो आपकी जीवन-नींव में संस्कारों की ईंटें धरते रहे हैं। जीवन के अध्ययन की राह में मील के पत्थर जैसे कई शिक्षक मिले। उनका सद्भाव और स्नेह भी ख़ूब मिला। लेकिन आज जब पीछे मुड़कर देखता हूँ तो मीडिल कक्षाओं के शिक्षकों की छवियों का रंग अधिक गहरा प्रतीत होता है। बचपन के झाड़ पर वही शिक्षक टँगे हैं, जिनकी सदाशयी स्मृतियों से सुलझ पाना आज भी मुश्किल है।

समय ने शिक्षक होने के मायने भले ही बदल दिये हों लेकिन उन शिक्षकों की स्मृतियाँ अभी भी ज्यों की त्यों बनी हुई हैं। जिन्होंने कुम्हार की तरह जीवन रूपी कुम्भ को सुन्दर आकार दिया। उन शिक्षकों के मन मस्तिष्क में हम अबोध बच्चे गहरी चिन्ता की तरह शामिल रहे। उन्होंने हमेशा हमारे चेहरों में अपने बच्चों के चेहरों के प्रतिबिम्ब देखे-परखे। उन चुनिन्दा गुरुजनों को हमेशा हमारे सुन्दर भविष्य की निर्मिति की चिन्ता सताये रही। मेरे अपने विद्यार्थी काल में भी चुनिन्दा शिक्षक निपुण कुम्हार की तरह आए, जिन्होंने अपनी प्यारी थपकियों से मुझ अबोध को सुन्दर आकार में न केवल ढाला बल्कि समय के आँवे में पूरी सावचेती से रखा भी अपने अनुभवों की आँच में तपाया भी।

मेरी प्रारम्भिक शिक्षा मेरे गाँव अन्ताना के सरकारी स्कूल में हुई। सन् 1996 में दसवीं पास करने तक कई गुरुजनों ने बहुत लाड़-प्यार दिया। जीवन में कुछ होने की सम्भावनाओं को अपने अनुभवों के बल तलाशा। उस तलाश को मुकम्मल मुक़ाम तक ले जाने के भरसक प्रयास भी किए। वे अच्छे विद्यार्थी के साथ-साथ बेहतर मनुष्य बनने की प्रक्रिया की ओर हमेशा प्रोत्साहित करते रहे। जैसे अच्छा मनुष्य बना देना उन कॉपी-किताबों के सैद्धान्तिक अध्ययन से अधिक जरूरी हो। आज कहना थोड़ा कठिन तो प्रतीत होता है कि मुझ में कितना मनुष्यत्व निर्मित हो सका, लेकिन जितने तत्त्व मनुष्यता के मौजूद हैं। वह केवल उन गुरुओं के ज्ञान का

प्रतिफल है। अब आज कवि हुए तो मनुष्यता को बचाये रखने में यह कविता ही मददगार बनी हुई है। कवि होने के लिए मनुष्य होना अनिवार्य शर्त है। जैसे-जैसे अपने भीतर का मनुष्य तत्त्व रीतता है वैसे-वैसे एक दिन कविता भी रीत जाती है।

आज जब अपनी स्मृति के पन्ने पलट रहा हूँ तो हर पन्ने पर वह सब शिक्षक अपने-अपने उपादानों को हाथ में थामे खड़े नज़र आ रहे हैं।

एक माटसाब हैं रामावतार जी शर्मा। हैं इसलिए कि अभी वह इस चराचर जगत में मौजूद हैं। वे ही नहीं सब के सब मौजूद हैं। रामावतार जी माटसाब ने मुझे प्राइमरी कक्षा में किताबी ककहरा सिखाया। वह वहीं स्कूल के एक कमरे में रहते थे रोज सुबह स्कूल शुरू होने से बहुत पहले उठते। स्कूल परिसर में बने कुएँ से दो बाल्टी पानी खींचते, नहाते और घंटी बजने से पहले स्कूल के गेट पर आकर खड़े हो जाते। लालट पर लम्बा-सा रोली का तिलक। गौर वर्ण। चेहरे पर दमक। हम बच्चों से बहुत स्नेह रखते थे रामावतार जी माटसाब। अक्सर रविवार की छुट्टी का दिन भी उसी स्कूल परिसर में बिताते। रास्ते में मिल जाते तो पढ़ाई के लिए उलाहना देना नहीं बिसरते।

बीसवीं सदी के अन्तिम दशक तक सरकारी स्कूलों में पढ़ाई के प्रति गुरुजन बहुत समर्पित भाव से अध्यापन का कार्य करते रहे। उन्हें इस बात की कभी चिन्ता ही नहीं रही कि वह दस वर्षों से गाँव में रह रहे हैं। आज की तरह तबादलों का बुखार उनके दिमाग में कभी कातरे के बुखार की तरह चढ़ा नहीं रहा। गाँव के बच्चों के बेहतर भविष्य की जद्दोज़हद में जुटे रहते। रामावतार जी माटसाब करीब एक दशक तक मेरे गाँव अन्ताना में ही पदस्थापित रहे। वे जितनी बेहतरी से हिन्दी पढ़ाते, उनती ही बेहतरी से संस्कृत। संस्कृत का उच्चारण और अध्यापन तो मन्त्रानुभूति से भरा रहता। उनका मुझ पर विशेष स्नेह रहा। शायद उनकी बातों पर मैंने अधिक कान दिये होंगे या फिर कुछ और सम्भावनाएँ उन्होंने उन दिनों ही भाँप ली थी। कक्षा में खड़े होकर किताब पढ़ानी हो या फिर कोई उनका निजी कार्य सम्पन्न करवाना हो। वह हमेशा आदेशित करते हिचकते नहीं दिखे। एक गुरु का एक शिष्य पर इतना भरोसा बनना लाज़मी तो है ही। गुरु का शिष्य के प्रति भरोसे से भरे रहना, गुरु की मेहनत का आईना होता है।

एक और गुरुजी है जो मेरी स्मृति की चौहद्दी से कभी बाहर नहीं गये। राजेन्द्र ज़ी राव। वर्तमान में तो वह हिन्दी व्याख्याता के पद पर कार्यरत हैं। राजेन्द्र जी राव-संगीत, चित्रकला और गायन कला में निपुण हैं। जीवन में पहली बार कलाओं के व्यापक संवेदनशील संसार से उन्होंने ही रूबरू करवाया। उन दिनों में हम बच्चों के ज़ेह्न में यह ताज्जुब घर किये रहता था कि एक शख़्स में इतने गुण कैसे समाविष्ट हुए होंगे। उस समय चित्रकला विषय के प्रति रूचि की जागृति माटसाब

राजेन्द्र जी राव के प्रोत्साहन के बलबूते ही हुई।

संगीत और गायन मेरे लिए कल भी बूते के बाहर ही था और आज भी सुनने के आनन्द से अधिक नहीं है। लेकिन चित्रकला में मेरी गहरी रुचि थी। स्कूल में समाजोपयोगी-उत्पादक-कार्य शिविर लगता। स्कूल की पुताई-रंगरोगन का कार्य हम छात्र ही करते। सात दिनों के शिविर में स्कूल को स्वच्छता की जगमग से भर देते। हाथों में पॉलीथीन की थैलियाँ लपेटकर चूने और पीली मिट्टी से घंटों स्कूल की दीवारें पोतते रहते। चूने से हथेलियों में खुरदरापन आ जाता, पर घर वालों के चेहरे पर क्या मज़ाल की शिक़न की कोई एक रेख भी उभर आए। बल्कि हमारी कर्मशीलता पर शाबासी ही मिलती।

शिविर के दौरान कई तरह की गतिविधियों का आयोजन होता। हर दल को काम बाँटे जाते। शिविर के दिनों स्कूल के बोर्डों पर राष्ट्रगान, राष्ट्रगीत, प्रार्थनाएँ लिखनी हों या फिर महापुरुषों के चित्र उकेरने हो—राजेन्द्र जी राव माटसाब का रंग देखते ही बनता था। एक-एक अक्षर करीने से सजाते। इन दिनों मुझे ख़ूब सीखने को मिलता। यह भी मेरी चित्रकला के प्रति गहरी अभिरुचि का ख़्याल रखते। वह ऊँची दीवार पर अक्षर उकेरते रहते, तो मैं उनकी मेज के बगल में स्टूल पर चढ़कर रंग की डिबिया ऊँची किये रहता।

एक बार दुपहरी के समय जब सूरज सिर पर पूरी ज़िद के साथ चढ़ा था। गुरुजी लाल रंग से राष्ट्रगीत लिख रहे थे। मैं रंग की डिबिया को हाथ में लिये खड़ा था। तेज धूप में जैसे ही अक्षरों की बुनावट को चीन्हता। मेरी आँखें चुँधिया जाती। उसी समय पता नहीं क्या हुआ मैं स्टूल से नीचे गिर गया। ड्रेस की सफ़ेद शर्ट पर लाल रंग। रंग की डिबिया से ढुला सारा रंग मेरी सफ़ेद शर्ट पर। धड़ाम से नीचे गिरा तो आवाज़ सुनकर बच्चे और अन्य गुरुजन भी इकट्ठा हो गये। जो मेरे स्टूल पर डिबिया पकड़कर खड़े रहने से अनभिज्ञ थे, उन्हें एक पल को लगा कि शर्ट पर गिरा लाल रंग, रंग नहीं, लाल खून है। बेहोशी की हालत में पानी का छिड़काव किया तो थोड़ी देर में मेरी मूर्छा टूटी। इसके बावजूद भी मेरी रंगों के प्रति लगाव की ज़िद नहीं छूटी।

थोड़ा आराम मिला तो घर गया। घर की दहलीज़ पार ही करने को था कि दरवाज़े के उस ओर पोल में खड़ी माँ ने अपना आपा खो दिया। लाल रंग में सफ़ेद शर्ट को देख, वे भी एक बार तो उसे खून ही समझ बैठी। सुकून तब आया जब मैंने कहा कि यह खून नहीं रंग है। इधर पक्का कलर (वार्निश) सफ़ेदी से कब विलग होनेवाला था। माँ ने घासलेट में भिगोकर ख़ूब कोशिश की, लेकिन उसके लाल की सफ़ेद शर्ट पर लगा लाल रंग नहीं छूटा। उस समय घोर अभावों वाली ज़िन्दगी में स्कूल ड्रेस के एक जोड़े के बिछड़ जाने का क्लेश दिनों तक रहा।

सन् 1994 में आठवीं कक्षा पास की। उसी साल हमारे गाँव का मीडिल स्कूल, सैकेंड्री स्कूल में क्रमोन्नत हो गया। हम आठवीं पास सभी साथी छात्र गाँव से सात किलोमीटर दूर अटरू पढ़ाई करने जाने की कठिनता से बच गये। सबसे अधिक ख़ुशी की बात यह रही कि जिन बालिकाओं को आठवीं पास करने के बाद घर बैठना पड़ता था, उन्हें नवीं-दसवीं तक पढ़ने का सौभाग्य मिल गया था। गाँव में जितनी कक्षा तक स्कूल होता, उनती कक्षा तक ही उस गाँव की बालिकाएँ पढ़ पाती थीं। गाँव से दूर बालिकाओं को शिक्षा के लिए भेजने की हिम्मत कम ही माता-पिता जुटा पाते थे।

आप मानो या न मानो पर यह सत्य के अधिक करीब है कि जिस गाँव में जितने तक स्कूल रहा, उस गाँव की लड़कियाँ स्कूल गई भी तो उसी कक्षा तक पढ़ाई कर सकीं। इसी वर्ष मेरा गाँववाला स्कूल सीनियर सैकेंड्री स्कूल में क्रमोन्नत हो गया है। आज समझ के इस मोड़ पर हुक्मरानों के प्रति आक्रोश उपजता है कि बीस बरस में जाकर मेरे गाँव की साधन-सुविधाहीन बेटियाँ बारहवीं तक पढ़ाई कर सकेंगी। बारहवीं पास करने के बाद कॉलेज न भी जा सकीं तो कम से कम प्राइवेट फार्म भर स्नातक की डिग्री तो हाथ में ले ही लेंगी। ख़ुद का भविष्य सँवरा न सँवरा हो अपने बच्चों के भविष्य को तो सँवार सकेंगी। गाँव में आज भी साधन और सुविधा के अभाव में एक बड़ा तबका शिक्षा के मौलिक अधिकार से वंचित है। इन बीस वर्षों में तमाम सरकारी स्कूल वेंटीलेटर पर आ गये हैं। शिक्षा-शिक्षण का पवित्र कार्य एक बड़े व्यापार की शक़्ल लेता जा रहा है। गुरुजन वर्ष पर्यन्त तबादलों की चिन्ता में डूबे रहते हैं। बच्चों का सरकारी स्कूलों से लगातार मोहभंग हो रहा है। आज हमें पूरी शिक्षा नीति फिर से गढ़ने की ज़रूरत है।

आज शिक्षक दिवस पर मन-मस्तिष्क में स्मृति की कुछ खिड़कियाँ खोलीं तो बीस बरस पहले के स्कूल और गुरुजन याद आ गये। दसवीं कक्षा तक गाँव के सरकारी स्कूल में पढ़ने के दौरान जिन अध्यापकों ने व्यक्तित्व निर्माण की नींव में संस्कार और कला की ईंटें रखीं, उनकी फेहरिस्त लम्बी है और उनके व्यक्तित्व एवं कृतित्व के उदाहरण भी बहुत हैं। उन्हें जब भी याद करता हूँ, मन अपार श्रद्धा से भर जाता है—

"माटसाब की दो मुट्ठियों में होते थे
दो सपनें
जिन सपनों को लपक सकता था मैं
पूरी ताक़त से
वैसे ही सपनों को दिखाते थे माटसाब
कभी-कभी खाली कालांश में

जिज्ञासा में जितनी खुलती मेरी आँखें
उस आकार का कोई सपना
मेरी पलकों में धर देते माटसाब
सच्चे माटसाब को पता होता है
हमारे सपनों का भविष्य
हमारे पंखों का सामर्थ्य।''

हमारे दसवीं कक्षाओं तक अध्यापन करानेवाले गुरुजनों में एक दो थे जो वहीं गाँव में ही रहते थे। अधिकांश अटरू से अन्ताना तक सात किलोमीटर दूरी को बस में बैठकर पाटते तो एक गुरुजी ऐसे भी थे, जो साइकिल से रोज स्कूल वक़्त पर आते। नाम था अमरलालजी। गौर वर्ण। दाढ़ी-मूँछों पर बाल कम थे तो सफाचट्ट होकर आते। उन दिनों उनका सफाचट्ट चेहरा पहली बार हम बच्चों के लिए किसी ताज्जुब से कम न था। उनकी साइकिल के पहियों की हवा निकल जाती या फिर पंचर हो जाती, तो हम बच्चों में पंचर को ठीक करवाने की होड़-सी मच जाती। हम उन गुरुजी की ऐसी सेवा कोई अवसर नहीं चूकते थे।

खेत से बूटे लाने हो या फिर सब्जियाँ, बोतल में छाछ या फिर भुट्टे। अक्सर स्कूल से घर को लौटते गुरुजनों के थेले भरे रहते। घर वाले भी माटसाब के लिए खेत से कुछ न कुद मौसम के अनुरूप ले ही आते। एक और माटसाब थे मोतीलाल जी नागर जो संस्कृत पढ़ाते थे। वह जब पढ़ाते थे तो महिने-महिने भर एक ही पाठ पढ़ाते रहते। नैतिक शिक्षा में अभिवृद्धि करनेवाले क़िस्से सुनाते। संस्कृत में एक पाठ होता था—'सुभाषितम्'। जिसके 24 श्लोक कम से कम 24 दिनों में पूर होते और हम बच्चों को सारे श्लोक याद हो जाते। वह अक्सर कहा करते थे—''संस्कृत सबकी नानी, रात को पढ़ी, सुबह भूल जानी।''

हमारे एक और गुरुजी थे। जिनसे सामना नवीं और दसवीं कक्षा में पड़ा। वह गणित के माटसाब थे। अपने विषय में इतने प्रवीण कि वह रहे जब तक गणित की राह आसान बनी रही। लेकिन उनके रोज एक जैसे पहनावें ने हम बच्चों को नवीन जिज्ञासा से भर दिया था। उनके दो जोड़ी पैंट-शर्ट के छह दिनों तक पहनकर आना, हम लोगों के लिए चर्चा का विषय था। उन्हें देखकर लगता था कि वह इतने गरीब हैं कि दो जोड़ी पैंट-शर्ट से अधिक उनके पास नहीं है। इस असमंजस की परतें तब खुली जब मेरा कोई चार साल बाद उनके गाँव जाना हुआ। उनका गाँव था—खंडीप। सवाई माधोपुर जिले के खंडीप गाँव निवासी माटसाब-भँवर सिंह जी मीणा। जिनकी पहली पोस्टिंग हमारे गाँव में हुई थी। मुझसे अधिक लगाव के कारण उनके यहाँ सत्यनारायण जी की कथा में उन्होंने मुझे विशेष तौर पर आमन्त्रित

किया था। उन दिनों मैंने कोटा के राजकीय महाविद्यालय में प्रथम वर्ष में एडमिशन ले लिया था। ऐसे में कोटा से खंडीप जाना मेरे लिए आसान था।

एक दिन दोपहर को गंगापुर सिटी रेलवे स्टेशन से कुछ किलोमीटर आगे मैं खंडीप स्टेशन पर उतर गया। रेलवे स्टेशन से खंडीप गाँव तक की राह में इक्के-दुक्के घर बने हुए थे। रेलवे स्टेशन पर उतरे दूसरे यात्रियों से पड़ताल की तो बड़ी मुश्किल से हमारे गाँव में पोस्टेड रहे गुरुजी भँवर सिंह जी के घर का पता लगा। दरअसल गाँव बड़ा था और भँवर सिंह नाम के करीब आधा दर्जन लोग थे, जो अध्यापक थे। तभी मेरी स्मृति में आया कि गुरुजी को कुछ माह पूर्व पेरेलाइसिस का अटैक हुआ था। जब यह बताया कि उनको पेरेलाइसिस का अटैक हुआ था तो राहगीर ने फटाक से बता दिया। गाँव में भले ही सुख का परिचय कम होता हो लेकिन किसी के दुख का प्रसार अधिक होता है। गाँव की यह सनातन संवेदनशीलता होती है।

राहगीर से बातों में पता चला कि जिन गुरुजी से मैं मिलने आया हूँ, वह गाँव के बहुत बड़े आदमी हैं। इतने बड़े कि उनके घर पहुँचा तो देखा कि उनके बड़ा-सा पक्का मकान था। एक मेहमानों के लिए बैठक अलग से बनी हुई थी, जिसमें एक साथ तीस-चालीस मेहमान आराम फरमा सकते थे। दो दिन रहा। गुरुजी के परिजनों ने ख़ूब आवभगत की। गुरुजी की सात-आठ साल की एक बिटिया जिसका नाम अब मेरे ज़ेहन में नहीं रहा। लेकिन सब उसे 'लाली' कहकर पुकारते थे। एक शाम लाली मुझे गाँव घुमाने ले गई। मेरा हाथ पकड़े-पकड़े उसने मुझे पूरा गाँव घूमा दिया। रास्ते में कोई उससे मेरे बारे में पूछता तो बड़े प्यार से कहती—''म्हारै पापा कौ चेलो है, मेरो पापो जहाँ पढ़ावै हो वहाँ से आयौ है, मिलण के वास्तै।'' प्यारी 'लाली' के यह मीठे बोल आज भी मेरे मन-मस्तिष्क में उसी मासूमियत के साथ मौजूद हैं।

खंडीप से पहले कोटा और फिर दिनों पश्चात् जब गाँव लौटा तो मेरे साथ पढ़े कुछ मित्रों को मैंने दो जोड़ी पैंट-शर्ट में स्कूल आनेवाले माटसाब भँवरसिंह जी मीणा की सम्पन्नता और सादगी के क़िस्से सुनाये तो सब इस ताज्जुब से भर गये कि वे इतने बड़े आदमी होने के बावजूद इतनी सादगी प्रिय कैसे थे। हमारा आचरण सादगी से भरा, हमारी साधन-सम्पन्नता के बावजूद भी रह सकता है, बशर्तें जीवनचर्या में हम सादगीपूर्ण व्यवहार करें।

आज शिक्षक दिवस पर गुरु महिमा का गुणगान चहुँ-ओर सुनाई तो दिया, लेकिन वह सादगी नहीं थी। आज के माटसाबों की आँखों में बच्चों के लिए नन्हें सपनों की जगह तबादलों की चिन्ता का निदान ढूँढ़ते प्रार्थना-पत्रों ने ले ली थी। गुरुजन समारोह की अध्यक्षता और मुख्य आतिथ्य के रूप में शोभा बढ़ा रहे

राजनेताओं को उनके गुरुजी होने की याद दिला रहे थे। राजनेता उन्हें अपने सुन्दर, चमकदार खादीदार भविष्य के निर्माण में उनके द्वारा दिये गये संस्कारों की दुहायी देकर तालियाँ बटोर रहे थे। नेताजी के पीए के हाथ से तबादलों की कुछ अर्जियाँ वहीं मंच पर ही छूट गई थीं। नेताजी भी आधा झुके गुरुजनों को प्रणाम करते-करते पूरी अकड़ के साथ समाराहे स्थल से बाहर निकल गये थे।

उन दिनों के क़िस्से बहुत हैं और इन दिनों के क़िस्से है कि बनते-बनते बिगड़ जाते हैं।

बाद-दर-बात
21 सितम्बर, 2015

इस बार भले ही पंचांगों में दो आषाढ़ घर कर गये हों, लेकिन दूसरे आषाढ़ में आसोज की सेंधमारी बख़ूबी पता लग रही है इन दिनों। तिलमिला देनेवाली चिलचिलाती धूप। सुबह एक घड़ी का सूरज भी आग बरसाता हुआ। साँझ को हवा की नमी, साँसों पर संकट खड़ा किये रहती। सुबह कितनी ही कोशिश कर लूँ दो मुट्ठी धूप दहलीज़ न लाँघ जाती तब तक बिस्तर नहीं छूटता। घूम-फिर आने की तसल्ली शाम के हिस्से ही रहती। वह हिस्सा भी कभी-कभार आलस की भेंट चढ़ जाता।

आज रवीश कुमार के प्राइम टाइम के खात्मे के बाद थोड़ी देर तक तो ज़ेह्न में खादी ही चक्करघिन्नी हुई रही। नारों की खादी से असल खादी की तस्वीर अलहदा। गाँधी जिस खादी को ग्राम स्वरोजगार से जोड़ने पर जोर देते रहे। आज के खादीधारी उसी खादी को जमींदोज़ करने में आमादा दिखते हैं। ख़ैर! रवीश कुमार की रिपोर्ट्स देखकर रोज एक पन्ना काला किया जा सकता है।

दस बजने को थे। रोज बिटिया पेट के बढ़े हुए आकार को थपथपाती है तो पैरों में गति आ जाती है। सो यूँ ही सड़क पर टहलने निकल गया। टहल के लौट रहा था तभी रास्ते में सुरेश पंडित जी जो कवि हैं, कुछ मित्रों के साथ हथाई करते हुए मिल गये। जय श्री राम बोलो! प्रत्युत्तर में अभिवादन हुआ। बात चली तो 'गणेश जी महाराज' बीच में आ टपके।

दरअसल बात मोबाइल में वाट्सएप पर आनेवाले भाँति-भाँति के सन्देशों को लेकर शुरू हुई थी। जिन सज्जन ने यह शुरूआत कि वह सज्जन मोबाइल को क्रान्ति का नहीं, जीवन में अशान्ति के सूत्रापात का जरिया मानते हैं। यह उनका मानना भर ही है जिस पर वह भी लम्बे समय तक अडिग नहीं रह पाते। वे कहने लगे कि उनका जब मन करता है, वह वाट्सएप डाउनलोड कर संचालित कर लेते हैं और जब मन नहीं करता तो डिलिट भी मार देते हैं। लेकिन इन दिनों वह इस एप की जद में हैं। हम चाहे जितने मोबाइल यानी सूचना क्रान्ति के दुष्प्रभाव से मानव की

सांस्कृतिक सभ्यता पर खतरे के रूप में कोस लें लेकिन यह तो स्वीकार्य होगा कि इन बेतारों ने लम्बी-चौड़ी सड़कों का गुरूर तो तोड़ा ही है। ख़ैर! बड़ी सैद्धान्तिक भावुकता के लम्बे प्रवचन का विराट विषय है। यहाँ मुझे मेरी राजस्थानी कविता 'मोबाइल' की कुछ पंक्तियाँ याद आती है—

"जीजी को माथो
भड़क यों होवै या फै र
भाईजी का गोडा को दरद
महसूस सकै छा
मोबाइल पै बंतळ करती बखतां।
विज्ञान नै भल्यांई
बारूद की ढेरी पै धरदी होवै
मनख की जिन्दगाणी
पण यां स्याठ बरसां मं
आज, हरेंक की मुट्ठी मं छै
दुनियां भर की लांबी-चौड़ी
सड़कां को मजैज।"

आजकल वाट्सएप की ज़द में रहे सज्जन ने बातों ही बातों में गणेशजी और भक्त से जुड़ा एक क़िस्सा परोस दिया। वह यूँ था—"एक बार एक भक्त तालाब में डूबने लगा तो उसने संकट की इस घड़ी में विघ्नहर्ता गणेश जी को याद किया। भक्त की कातर पुकार सुन गणेश जी प्रकट भये। इतने में भक्त देखता है कि वह तो डूब रहा हैं और गणेश जी है कि उसे बचाने के बजाय तालाब की पाल पर नाच रहे हैं।

डूबता हुआ भक्त बोला—गणेश जी महाराज आप कैसे भगवान हो, भक्त पानी में डूब रहा है और आप नाच रहे हो?

गणेश जी बोले—क्या हुआ जो? तुम भी तो मुझे पानी में डुबो कर ऐसे ही नाचते हो।

वाट्सएप पर सृजन करनेवाले लोग ग़ज़ब के क्रियेटिव होते हैं। क्रियेशन जब बाज़ार के घौंसलें में बैठकर किया जाता है तो सबसे अधिक क्रियेटिव हमें विज्ञापन ही प्रतीत होने लगते हैं। विज्ञापन की भाषा और ठगों की भाषा में कोई अन्तर नहीं होता। जैसे ठगों की भाषा सबसे अच्छी होती है, उसी प्रकार विज्ञापन का भाषायी जाल हमें मोहित कर देता है उस उत्पाद के प्रति, जिस भाषा में उसे परोसा गया है। इधर इन दोनों में महीनतम अन्तर की तलाश में पाते हैं कि इन दोनों के दो सिरे

आपस में जुड़े हुए ही हैं – भाषा का ठगीपन यानी विज्ञापन।

ठगी के लिए धर्म में व्यापक गुंजाइश रहती है। इन दिनों पूरे शहर में गणेश उत्सव की धूम है। कुछ वर्षों पहले तक ऐसा आलम नज़र नहीं आता था, जो अब दिखाई देने लगा है। शहर के हर चौराहे पर भक्तों का रैला। हर चौराहे पर मूर्ति स्थापना। लगता है जैसे हम पहले से कई अधिक धार्मिक होते जा रहे हैं। धर्म की इस अवधारणा से मेरे नास्तिक होने की पड़ताल न कीजियेगा। दरअसल धर्म और आस्था के नाम पर ठगी का बड़ा बाज़ार हमने अपने ही हाथों थरप दिया है। इन दिनों कई अधार्मिकों के वारे-न्यारे हैं। इन दस दिनों में अपने महीनों का जुगाड़ यह तथाकथित धार्मिक कर लेते हैं। अपवाद तो विज्ञान में भी मौजूद रहते हैं तो इस धार्मिक बाज़ार में भी हैं।

गाँव अभी भी ऐसे बाज़ारों से मुक्त है। वहाँ तो रोज़मर्रा के कामों से जितनी फुर्सत, उतने धार्मिक। उस धर्मिकता में भी औरतों का योगदान अधिक होता है। गाँव में इन दिनों औरतें ही धार्मिकता का निर्वहन सामूहिक रूप से करती हैं। इन औरतों की चिन्ताओं में पूरा गाँव शामिल होता है। बादल वक़्त पर न बरसें और 'घास भैरूँ जी की सवारी' निकालनी हो तो गाँव की औरतें ही चन्देदारी कर पुरुषों के हाथों में रखती हैं। तब जाकर किसी धार्मिक आयोजन का सूत्रपात होता है।

इस बीच मैंने ही बातों का पासा पलटा और बगल के दो खंडहरों के रहवासी रहे हरिजनों के विस्थापन का ज़िक्र छेड़ दिया। खाली मकानों से विस्थापित होते रहना इनकी दुर्व्यसनी आदतों की बदौलत फितरती शक़्ल अख़्तियार कर चुका था। गाँव में तो गाँव के बाहर एक टीले पर इनकी पीढ़ियों का सदा से डेरा रहा, जो गाँव की ओर आने वाली बुरी हवाओं को टीले से ही विदा करते रहे। यहाँ शहर में बस्तियाँ बसी तो समाज की मुख्यधारा में आ जाने का भ्रम भी बढ़ा। उसी भ्रम में मकड़जाल में आज भी मकड़ी की तरह उलझे हैं। विकास के सूरज की किरणें इनके ताने-बाने को नयी चमक से भर तो देती हैं, लेकिन इनके हिस्से की रौशनी पर डाका गाहे-बगाहे डलता रहता है। लेकिन बगल से विस्थापित दो खाली मकानों के बाशिन्दा परिवारों ने तो कुछ फसल अपने कर्मों की भी काटी। या यूँ कहें सदा से एक जैसा कर्म करने की ग्लानि ने इनके भीतर विकास के कद तक उठ आने का हौंसला ही नहीं उगने दिया। ख़ैर! बात फिलहाल बगल से कुछ महिनों पूर्व विस्थापित हुए परिवार की चल रही थी।

जिन सज्जन ने बगल में बहुमंजिला मकान बनवाया था, वह उनके बारे में अधिक जानते थे। मेरे लिए तो मेरे रहगुज़र में गाँव के बाहर के टीले पर एक एकाकी जीवन का आभास और कुछ हद तक कल्पना भर था।

दरअसल क़िस्सा और हालात यूँ थे—परिवार के मुखिया के पास कोई काम

नहीं था। दिन भर खाँट पर पड़े रहने के अलावा। उसकी पत्नी का पहला पति मरा तो कुछ वर्ष पूर्व निगम के सफाईकर्मी की पत्नी होने के लाभ उसे मिले। बड़ा बेटा मतदान की उम्र में आया तो उसकी नौकरी पक्की हो गई। पत्नी को पेंशन मिलने लगी। तनख़्वाह की ओर से रामजी राजी को पक्का होता देख दिनभर खाँट तोड़ने वाले आदमी ने विधवा महिला से पत्नी का रिश्ता जोड़ा था।

वह ही एक थी जो पति और बेटे के रोज़ बहकते क़दमों और ज़ुबान को सँभालती रहती थी। वरना पति महोदय तो ऐसे कि शराब से मुँह नहीं धोया जा सकता लेकिन सुबह की कुल्ली तो उसी से होता। पति तो पति, बेटा भी माशाअल्लाह! रोज शाम को शराब न पिये तो उनका सूरज न डूबे। प्रेमचन्द की क़फन कहानी के 'घीसू-माधव' की जोड़। रोटी तोड़ पति, पत्नी की पेंशन को दारू में गटक लेता। उधर बेटा तनख्वाह के बीस हजार हर माह की उधारे चुकारे में बराबर कर देता। चूल्हे में आग और हंडिया में चावल का बन्दोबस्त अधेड़ औरत के भरोसे। वह सुबह जल्दी उठ गली-गली प्लास्टिक की थैलियाँ और कबाड़ा बींनती, उसे दोपहर को बेचती। तब जाकर घर में कनस्तर का पैंदा आटे से ढका रहता। दोपहर बाद कुछ और मजूरी करती।

इधर दोनों बाप-बेटे, आस-पास की चाय और पंचरवाले की दुकानों पर बातों में बादशाहत बघारते रहते। इन दोनों के आलस का भी कोई ठिकाना नहीं। रोज़ बालों में पानी मिला-मिलाकर तेल चोपड़ने से इतने चीकटे लगते कि नहाये हुए महीना गुज़र गया होगा। एक-दो माह में जब कभी सैलून की दुकान पर जाना होता तो एक-दो दिन उनकी देह में किसी न किसी फ़िल्म का हीरो घर कर गया लगता था। वही ठसक, वही अन्दाज़े बयाँ। जब दारू सिर चढ़कर बोलने लगती।

घोर आलस्य और दुर्व्यसन उनके जीवन का उल्लास और खुशियाँ दोनों निगल गया था। जिम्मेदारी, कर्तव्य और रिश्तों के निर्वहन की कौड़ी तो बहुत दूर की है। बेटे के निगम की स्थाई नौकरी पर नौकर होना उसे गँवारा नहीं। जो ठेकेदार हाज़री भरता उससे पाँच-सात हजार प्रतिमाह देने का पक्का वादा निभ रहा था। दस-बारह बचते जो दोपहर तक उधारी में चुकता हो जाते। एक-दो हज़ार, एक-दो दिन की बादशाहत के लिए काफ़ी थे। उधारी भी ऐसी कि एक हज़ार उधार लिए, एक माह के लिए। एक माह बाद देने पन्द्रह सौ हैं।

साहूकारी की ऐसी बही में कमजोर लोगों की पीढ़ियाँ खप गईं। ब्याजखोरी की ऐसी बेइमानियों ने गाँव को कभी शोषण के चक्रव्यूह से बाहर ही नहीं निकलने दिया। यह सिलसिला आज भी बदस्तूर जारी है और मनुष्य के पेट में आग रहने तक जारी रहेगा।

"हम क्या

बस सूद ही सूद में कटी
उम्र भर की साँसें
रहे बन्द बहियों में सपने
असल की तरह
जब हाज़िर हुए
बाँचा गया लेखा-जोखा
हमारे कर्मों के दोषों को खंगाला गया
देने गवाही
हथेली का एक छाला गया।''

दुनिया भर की बातों में एक-डेढ़ घंटा गुज़र गया। पता ही नहीं चला। उन सज्जन ने इस बीच एक लम्बी उबासी ली तो मेरी नज़रें कलाई पर बँधी घड़ी की सुईयों पर गईं। पंडितजी और अन्य सज्जनों से इज़ाज़त ली ओर घर की राह पकड़ ली। शेष रास्ते भर घीसू और माधव के सिके आलुओं पर टूट पड़ने और संवेदनहीन, निर्दय भूख के बारे में विचारता रहा। मुझे मेरी ही एक कविता 'भूख का अधिनियम' की कुछ पंक्तियाँ रह-रह कर याद आ रही थीं—

''किसी भी भाषा के शब्द कोष में
पूरी भयावहता के साथ
मौजूद रहनेवाला शब्द है भूख
जीवन में कई-कई बार
पूर्ण विराम की तलाश में
कॉमाओं के अवरोध
नहीं फलाँग पाती भूख
समय के कंठ में
पूर विस्मय के साथ
अर्द्धचन्द्रकार झूलती रहती
कभी न उतारे जा सकने वाले
गहनों की तरह।

इन दिनों
जितनी लम्बी फेहरिस्त है भूख की
भूखों मारनेवालों की

उससे कई गुना भूखे पेट
फुटपाथ पर बदल रहें होते हैं करवटें।
इसी दरमियाँ
भूख से बेकल एक कुतिया
निगल चुकी होती है अपनी ही संतानें
घीसू बेच चुका होता है क़फन
काल-कोठरी से निकल आती बूँढ़ी काकी
इरोम शर्मिला चानू
पूरा कर चुकी होती है
भूख का एक दशक।''

लोक का उत्सवी उजास

23 सितम्बर, 2015

नगरीय संस्कृति से इतर इस धरती पर जहाँ-जहाँ भी मनुष्यों और अन्यों की सजीव उपस्थिति रही है, उसे व्यापक अर्थों में हमने लोक संज्ञा दी है। लोक में लोकोत्सवों का अपना महत्त्व है, रहा है और रहेगा। लोक की इस उत्सवधर्मिता ने सदियों से मेहनतकश आदमी की न केवल थकान उतारी बल्कि उसे जीवन के प्रति गहरी आस्था रखने का हुनर भी दिया।

लोक में विलासिता के साधनों की विपन्नता भले ही नज़र आती हो लेकिन समृद्ध सांस्कृतिक विरासत के बूते वह नगर से अधिक सामर्थ्यवान है। यहाँ सुख और दु:ख उत्सवधर्मिता का दामन पकड़ अवतरित होते हैं। लोक अपने आराध्य की आराधना में रातभर जागरण का अलख जगाये रखता है। हम अपने संसाधनों से सुख हासिल कर सकते हैं लेकिन बिना दु:ख के मार्ग से गुजरे सुख को शिद्दत से महसूस नहीं कर सकते। हमारा और हमारे लोक का यही उत्सवप्रिय होना उसे हर परिस्थिति में हँसना, गाना और नृत्य करना सिखाता है। उसे फिर से उठ खड़ा होने को प्रेरित करता है।

यूँ तो अब धीरे-धीरे लोक से भी उत्सवों का नाता टूटता जा रहा है। यह दिन लोक के दु:खों के अधिक घनीभूत होने के दिन है। फिर भी लोक है कि किसी भी तरह के सांस्कृतिक प्रदूषणों से अपना सतरंगी दामन बचा ढोल-मंजीरे की थाप पर गुनगुनाने, नाचने और गाने को नहीं बिसराता।

आज तेजादशमी है। लोक देवता तेजाजी के अवतरण का दिवस। यहाँ शहर में भी अभी जिन इलाकों में ग्रामीण विस्थापितों की बस्ती है वहाँ तेजाजी-ताखाजी के थानकों पर तेजाजी गायकों की स्वर-लहरियाँ सुनायी पड़ ही जाती हैं। घर से थोड़ी दूर जिस मोड़ से चौड़ी सड़क लगती है, वहीं तिकोने पर आज सुबह से ही चहल-पहल नज़र आ गयी थी। एक साल बाद फिर से तेजाजी के थानक के दिन बहुरे थे। परिसर साफ़-सुथरा लग रहा था। आज शाम को तेजाजी गायन मंडली अपना हुनर प्रदर्शित करनेवाली है।

रात नौ बजे तक अलगोजे के मीठे स्वर हवा में घुल गये। लोक गायक, जिन्हें तेजाजी के जीवन वृत्त को गाने में महारत हासिल थी, उन्होंने अपने अन्दाज़े-बयाँ से उस सड़क से निकलनेवाले हर शख़्स को दो पल ठहरने को मजबूर कर दिया। मेरे लिए यूँ तो इस उत्सव में नया कुछ न था। लेकिन जब से शहर में रहकर गुज़र-बसर करना ज़रूरी हुआ, तब से ही गाँव लगातार लौटना मुश्किल होता चला गया। पिछले चार-पाँच वर्षों से तेजादशमी के दिन गाँव में रहना नहीं हो पा रहा था। बस! उन दिनों की स्मृतियाँ कभी धुँधली नहीं होने दीं।

लोक और उसके जीवन की स्मृतियों का उजास जब से कलम पकड़ी तब से ही अन्तस में फीका नहीं पड़ने दिया। एक रचनाकार की दृष्टि की चौहद्दी से बाहर कोई भी सजीव-निर्जीव रचना हो भी नहीं कसती है। क्योंकि रचनाकर की दृष्टि की जीवंतता जितनी होगी, उतना ही वह अनुभूति को अभिव्यक्ति करने की क्षमता हासिल कर सकेगा। इसलिए जब से थोड़ी समझ और विवेक ने अपने मस्तिष्क में छोटा-सा घर बनाया, तब से कुछ चीज़ों के नष्ट हो जाने के भय ने हमेशा बेचैन किये रखा। ग्रामीण अँचलों से भी ऐसे लोक उत्सवों की सतरंगी चादर सिमटने लगी है। दिन भर में हम सूचना और मनोरंजन के हजार रास्तों की भूल-भूलैया में बेसुध हैं। हमारी बल्लियों, ऊँची उमंग और हौंसले कभी भी धम्म से ज़मीन पर आ पड़ते हैं। स्मृतियों के लोप ने घोर एकाकीपन की ओर अँधी-स्याह सुरंग में धकेल दिया है। जहाँ न उम्मीद की कोई किरण नज़र आती है, न यादों की बारात की जगमग चाँदनी।

मैं जैसे-जैसे तेजाजी के थानक (स्थान) की ओर बढ़ रहा था, वैसे-वैसे गायकी मेरे कानों में मीठी दस्तक देने लगी थी। कुछ फलांग दूरी कदम-दर-कदम पाटकर, पहले चाहरदीवारी के पास ही खड़ा हो गया। तेज़ रोशनी में लोगों की मौजूदगी को भाँपने में देर न लगी। जितने नीचे बैठे तेजाजी गायन का आनन्द ले रहे थे। उनमें से अधिकांश चेहरे उसी उत्सवधर्मी लोक के चेहरे से मिलते-जुलते थे। उनकी शुष्क उदास आँखों में बीते दिनों की चमक थी। चेहरे पर पीछे छोड़ आये लोक का उजास।

उनके इन चमकदार चेहरों को देखकर मुझे करीब एक-डेढ़ दशक पुराने ऐसे ही दिन याद आ गये। गाँव में तेजादशमी के दिन से दस-पन्द्रह दिन पूर्व ही 'तेजाजी के तमाशे' शुरू हो जाते थे। उसके कुछ दिनों पहले से ही इस तमाशे में, जिनको जो पाट (भूमिका) अदा करनी होती थी। वह रियाज में सारे काज छोड़कर जुट जाते थे। सब गाँव के ही बाशिन्दे। नचनिये ज़रूर दूसरे गाँव से बुलाये जाते। जिसको तेजाजी की भूमिका निभानी होती थी, उसके प्रति लोगों के मन में गहरा श्रद्धा भाव होता था। जिसका प्रकटीकरण खेल के अन्तिम दिन यानी तेजाजी की जोड़ायत 'भोडल'

के सती के दिन होता था। हर घर से पहरावनी आती, जिसकी जितनी गुंजाइश और क्षमता होती उतनी।

उत्साह इतना कि साँझ ढले सरकारी स्कूल के प्रांगण की सारी ठौर, टाट और प्लास्टिक के खाली कट्टों की बिछावन से सुरक्षित कर ली जाती। गाँव की औरतें साँझ के चूल्हे-चौके से निवृत्त होती, वहाँ तक बच्चे इस बिछावन की सुरक्षा में जुटे रहते। तमाशा शुरू नहीं होता, वहाँ तक हम बच्चे वहीं डटे रहते। इस बिछावन की सीमा को लेकर कई बार हम बच्चे झगड़ तक जाते। ठाकुरजी की शयन आरती तक सम्पूर्ण प्रांगण खचाखच भर जाता। बच्चे सबसे आगे, औरतें एक बगल और पुरुषों का क्या जहाँ ठौर दिखी वहीं जम लिये।

आज जब मैं शहर के इस तिकाने के एक बगल खड़ा होकर तेजाजी की लोकगाथा का आनन्द ले रहा था। यहाँ सिर्फ़ पुरुषों का हुजूम नज़र आया। चुनिन्दा बच्चे पंछियों की तरह चारदीवारी पर टाँगें लटकाये विस्मय- आनन्द से रोमांचित, भिन्न अनूभत कर रहे थे। जिस लोक भाषा हाड़ौती (राजस्थानी) में गाया जा रहा था। वह भाषा भी उनसे अब अँग्रेज़ी की तथाकथित अनिवार्यता ने छीन ली है। इन स्कूलों में रोज सुबह ख़ुद के वज़न से अधिक भारवाले बस्ते को काँधों और पीठ पर लादकर स्कूल जाते हैं। वहाँ इन लोक गायकों की भाषा में वार्तालाप निषेध है। यहाँ तक कि घरों में भी इसी भाषा में लोक व्यवहार निभाने वाले माँ-बाप इनको अपनी भाषा की राह पर लौट आने की जरा-सी कोशिश पर टोकना शुरू कर देते हैं। अपनी मातृभाषा से शुरू हुई यह दूरी की कोशिश एक दिन इन बच्चों को अपनी जड़ों से दूर कर देती है। ऐसे में लोक के सांस्कृतिक पक्ष के प्रति संचेतन की बात तो कतई बेईमानी है। हम अपनी धार्मिक-सांस्कृतिक विरासत से लगातार विपन्न होते जा रहे हैं, यानी हमारे भीतर मनुष्यत्व भी उसी अनुपात में क्षरित हो रहा है। कुछ दशकों बाद जब आदमियों की भीड़ में मनुष्य तलाशना मुश्किल होता चला जायेगा, तब धरती भी अपना स्वभाव तज देगी।

हमने खिलखिलाना कब का बिसरा दिया। मुस्कराना, वो भी कितना और किस तरह से। सब कुछ बाज़ार के मुताबिक। घर की दहलीज़ से सामूहिक हँसी का ज्वार, बहकर गरियाले तक अब नहीं आता। ऐसे में एकाकीपन के अँधेरे में डूबे हमारे अन्तसों में उत्सवधर्मिता का उजास ही हमारी सामूहिक रचनात्मकता को सम्पूर्णता प्रदान करता है। आज हमने नैतिकताओं की 'प्रथम पाठशाला' यह खेल-तमाशे खो दिये हैं। वहीं रिमोट पर बटन दबाते ही जो बुद्धु बक्से पर हाज़िर होता है, उसने हमारे अकेलेपन को और पुख्ता कर दिया। अब तो हम फैसबुक और वाट्सएप के क्षेत्रवासी हो गये हैं। जहाँ हमारी अँगुलियों के पोरों के दबाव पर ही आपसदारी सुरक्षित और विखंडित हैं।

आज का तेजाजी गायन सुनना मेरे लिए अब तक के अनुभव को नया विस्तार देने वाला रहा। यहाँ पहली बार मैंने महिला को पुरुष की संगत में पूरे ठसके के साथ तेजाजी का गायन करते हुए देखा। मेरे लिए तो यह दृश्य अब तक की सारी स्मृतियों से अलहदा था। गाँव में तेजाजी के खेल-तमाशों में भी पुरुष ही महिलाओं की भूमिका अदा करते रहे। कभी मंच पर दो तीन अधिक महिला कलाकारों की दरकार होती तो गाँव के सुन्दर बच्चों और किशारों को चुन्नी बेस पहनाकर खड़ा कर दिया जाता।

जो महिला तेजाजी का गायन कर रही थी, वह पुरुष कलाकार से हावभाव, प्रस्तुति में रत्तीभर भी उन्नीस नहीं थी, बल्कि बीस ही साबित हो रही थी। एक बानगी, जिसमें तेजाजी की पत्नी भोड़क उनके विषधर से वचनबद्ध होने की बात को तेजाजी के बिना कहे ही जान लेती हैं—

''बाचा द्यायो छै काळा की भूरी बामल्याँ
थारो सारो कोईनै छै रै म्हारा धणी
थारी भाभी का बोल्या बचन न टळै।''

हल्दी के रंग का गमछा काँधे पर तो कभी हाथ में। मानों आज घर से ठानकर आई थी, कि पुरुष की हेकड़ी को मिट्टी में मिलाकर ही दम लेगी। चार घंटे तक चले इस गायन के बीच में इन कलाकारों ने अवकाश लिया तो पुरुष कलाकार ने एक विनोदपूर्ण क़िस्सा सुना दिया। गाँव में भी तमाशे के बीच के अवकाश में चित्रहार होता और फ़रमाइश पर नचइये ख़ूब ठुमके लगाते। आस-पास के रसिक दर्शक सैकड़ों रुपये अपनी फरमाइश के गीतों पर लुटा देते। तमाशे के बीच की यह नौटंकी लोगों को नवीन रसानुभूति कराती। तो क़िस्सा इस प्रकार था। क़िस्सा हाड़ौती भाषा में सुनाया, जिसका तर्जुमा इस प्रकार से है—''गाँव के एक पटेलजी और पटेलण थे। पटेलजी के पटेलण नहीं थी और पटेलण जी के पटेल जी। एक दिन खेजड़े की छाँव में पटेलण खाँट पर लेट रही थी। पटेलण को भरी दुपहर यूँ अकेला देख, पास ही की मेड़ से गुजर रहे पटेल जी को रहा नहीं गया। पटेलजी को आज अच्छा अवसर हाथ लगा था। पटेलजी ने अपना गमछा खेजड़े की छाँव में बिछाया और कहने लगे—''आम्बा की छाया तो घणी बढ़िया छै।'' जब तक पटेलण जी के इस बात का सुनना पक्का नहीं हुआ, पटेल जी बार-बार यह बात दोहराते रहे। आख़िरकार पटेलजी के खेजड़े को आम्बा बताने की बात सुनकर पटेलण जी बोली—''यो आम्बो कोई न्हं, खेजड़ो छै खेजड़ो।'' पटेलजी थे कि अपने कहे पर अड़े थे। दोनों के इसी बात को लेकर शर्त लग गयी। इस बीच पटेलजी ने ठान लिया था कि आज तो पटेलणजी को राजी करके ही दम लेंगे। बोले—''तो शर्त पक्की पटेलण जी। अगर यह रूँख खेजड़े का हुआ तो आप मेरे रह

जाना और यह रूँख आम्बा (आम) न हुआ तो मैं आपके रह जाऊँगा।''

एक अकेले रूँख की पुख्ता पहचान के लिए पास ही खेत में गेहूँ की कटाई कर रहे मजदूरों को बुलाया गया। दोनों ने मज़दूरों से शर्त की जानकारी देते हुए कहा कि—बताओ रे भाई, यो रूँख आम्बा का छै या खेजड़ा को। सभी ने एक स्वर में उत्तर दिया—''रूँख तो खेजड़ा कोई छै।'' पटेलण जी यह उत्तर सुनकर बहुत खुश हुई। पटेलण जी शर्त जीत गई थी। तभी पटेलजी बोले—''ल्यो सा पटेलण जी म्हूं तो शर्त हार ग्यौ।'' अब तो मैं आपके रहूँगा। पटेलण जी की सारी ख़ुशी काफूर हो गयी। लेकिन मनुष्य की बात का भी कोई मोल होता है। शर्त के भँवर में फँसी पटेलणजी, पटेलजी से ब्याह के लिए राजी हो गयी।

पटेलजी ने पटेलणजी से ब्याह कर लिया यानी पटेलण जी पटेलजी के नाते बैठ गई। ग्रामीण अंचलों में नाता-प्रथा के अनुसार शादीशुदा लोगों (विधुर/विधवा) के बीच नये रिश्तों का सूत्रापात इसी राह से होता है। पटेलजी के बेटों को ब्याह की खबर लगी तो, वह झगड़ा लेने पटेलणजी के घर पहुँच गये। यह देख पटेलणजी से पटेल जी बोले—''झगड़ा तो देना ही पड़ेगा पटेलण जी। मैं तो शर्त के मुताबिक आपका हो गया। ऐसे में बेटों को कुछ न कुछ तो देना ही पड़ेगा। पटेलणजी मालदार थीं। एक लाख रुपये में झगड़ा चुकता करना तय हुआ। बेटे एक लाख रुपये लेकर अपने घर लौट गये।

कुछ महिनों बाद पटेलजी के बेटे फिर से झगड़ा लेने पटेलणजी के दरवाज़े पहुँच गये। थोड़ी ना नुकर हुई पर पटेलजी ने चालाकी से बेटों को अबकी बार दो लाख रुपये दिलवा दिये और बेटों से बोले—''जाओ बेटो अब तीन लाख रुपये हो गये। घर की ज़मीन जिस साहूकार के गिरवी रखी है। इन रुपयों से उसे छुड़ा लेना और ख़ूब आनन्द करो।''

कलाकार ने क़िस्सा पूरा किया नहीं कि क़िस्से की आख़िरी कड़ी के साथ ही जयकारा लगवा दिया ''जै बोलो तेजाजी महाराज की''। लोक में सहज ठगी और चतुराई के ऐसे ढेरों विनोद सम्पन्न क़िस्से गाहे-बगाहे लोक उत्सवों में रस परिवर्तन के लिहाज़ से सुनाये जाते रहे हैं।

रात के बाहर बजने को थे। आधी रात तक प्रांगण में बचे दर्शकों और कलाकारों के बीच एक-एक कप चाय का वितरण शुरू हो गया था। मैंने भी अब तक घर लौट जाने का मन बना लिया था। प्रांगण में बिछे फर्श से थोड़ी-सी दूर पड़ी चप्पलों पर नज़र गई। वह सुरक्षित थी। उत्सवों की भीड़ में चप्पलों के खो जाने के क़िस्से कभी खत्म नहीं होते। जीवन में चप्पलें अक्सर खो जाती हैं।

इधर घर लौटने के दरम्याँ रास्ते भर मन-मस्तिष्क में महिला कलाकार की प्रस्तुति, भाव-भंगिमाएँ और गायकी विडोलित होती रही—

"गायक पुरुष के छोड़े हुए
अन्तरे के अन्तराल को पूरी शिद्दत से
लपक लेती लोक गायिका
काँधे पर पड़े पीले गमछे को
हवा में पूरे जोश से फटकारती
घंटों गाते रहने की हुनरबन्दी से भरी
यह लोक गायिका
अपने गले में एक बार भी
नहीं फटकने देती खराश।
इस बीच पुरुष गायक बार-बार
अपने गमछे को कमर पेटी बना लेता
वीर रस उतर आता
लोक गायिका कंठ में
भीतरी आग से उपजा धुँआ
आँख की पुतलियों में जम रहा था धीरे-धीरे
महीनों ठहरा रहा होगा
हवा में पीला गमछा।
बैठ कर गाने के अनुशासन से
कौसों दूर
उसे गाने के लिए चाहिए होता है
पूरा मंच
इतना कि पुरुष गायक
फर्श के एक कोने पर खड़ा रहे अविचल
कहीं भी
किसी भी मोड़ पर छोड़ी हो
पुरुष गायक ने अपनी कड़ी, अपना स्वर
वह हर मोड़ पर संभाल लेती
टूटी हुई कड़ियाँ
बिसरे हुए बोल
लड़खड़ाये हुए स्वर
जीवन अगर सरगम है तो
लोक गायिका के कंठ में मौजूद है
मिठास।"

अपनी-अपनी धनुष स्मृति

26 सितम्बर, 2015

शाम को पाँच बजने को थे। धूप के तेवर अभी नरम न पड़े थे। शहर से जरूरी काम निपटाकर घर लौटा ही था कि अम्बिकादत्त का फोन आ गया। हाँ भाई साहब, प्रति उत्तर में भी हाँ भाई साहब। भाई साहब आएँ हैं कोटा। इस पहेली को बूझ पाता उससे पहले ही उन्होंने हल प्रस्तुत कर दिया। बोले—''देवल साहब आए हैं अजमेर से। हम वर्धमान महावीर खुला विश्वविद्यालय में अतिथि गृह पहुँच रहे हैं। तुम कहाँ मिलोगे''। मैंने कहा—''मैं वहीं पहुँचता हूँ।''

डॉ. चन्द्रप्रकाश देवल—राजस्थानी साहित्य को अपनी कलम से समृद्ध बनाने वालों में शीर्षस्थ। उनके सानिध्य का सुख हमेशा से अनमोल रहा है। बातें और बातों ही बातों में राजस्थानी लोक के क़िस्सों-कहानियों का ज़िक्र। मन करता है वह बोलते रहें—हम बस सुनते रहें। मेरे तो कानों में जैसे ही नाम पड़ा। दिनभर की मानसिक सुस्ती फुर्र हो गयी।

उत्साह से लबरेज मैं उनके अतिथि गृह पहुँचने के तुरन्त बाद ही अतिथि गृह पहुँच गया। रामा-स्यामा हुई। थोड़ी देर उनके कमरे में बैठकर बतियाये और फिर अम्बिकादत्त जी के निवास के लिए रवाना हो गये।

रास्ते में बातों के दरम्याँ उनके यूँ अचानक कोटा आगमन के रहस्य का पर्दा उठा। देवल जी का हमेशा से हाड़ौती अंचल के लोक साहित्य, संस्कृति से ख़ासा लगाव रहा है। गाहे-बगाहे इस अँचल की सांस्कृतिक धरोहर को संरक्षित करने की दिशा में सार्थक पहल करने को लेकर हमे जगाते रहे। आज कोटा आने का कारण भी इस अंचल की सांस्कृतिक छवियों में गहरी दिलचस्पी ही रही।

दरअसल देवल जी को एक सेमीनार में हाड़ौती अंचल के दो प्रमुख लोक उत्सवों—'सांगोद का न्हाण' और 'अटरू की धनुषलीला' पर अपना शोधपूर्ण पर्चा पढ़ना था। वे चाहते तो उसे अजमेर में बैठकर भी लिख सकते थे, लेकिन वे जो भी लिखते-पढ़ते रहे, पूरी ज़िम्मेदारी से उस विषय के हर कोण को खंगाले बिना नहीं करते। उनका मन लोक में अधिक रमता है। यह गहरी रुचि मुझ जैसे युवा रचनाकार

के लिए प्रेरणास्पद रही।

उन्हें इन लोक उत्सवों पर सामग्री जुटानी थी। हम जिनके साथ हथाई करने आज अम्बिकादत्त जी के निवास पर बैठे थे, उनमें अम्बिकादत्त जी, रामनारायण मीणा जी और अतुल कनक जी। हम सब कभी न कभी इन दोनों उत्सवों में शरीक रहे थे। हमारे लिए इन जीवन्त उत्सवों का अनुभव विरल था 'अटरू की धनुषलीला' से तो मेरा बचपन से ही विशेष नाता रहा। अटरू मेरे गाँव अन्ताना से सात किलोमीटर है।

अटरू के हाट-चौक में करीब डेढ़ सौ वर्षों से सँजते रहे 'धनुषलीला' का उत्सव गहरी छाप छोड़े हुए था। जब से समझ के दायरे में मेरी किशोर बुद्धि आई। मैं अटरू की 'धनुष लीला' देखने जाता रहा। यह धनुषलीला भारतीय लोक-नाटकों के इतिहास में महत्त्वपूर्ण है। एक ऐसा उत्सव जिसका सारा कथानक 'धनुष' के इर्द-गिर्द ही रहता है। तीन दिनों तक चलने वाले इस लोकउत्सव में 'सीता-स्वयंवर' का मंचन लोक कलाकारों द्वारा किया जाता है, वह भी मातृभाषा हाड़ौती में। इसके मंचन के दौरान कलाकार चार मंचों का एक साथ उपयोग करते हैं। सभी मंचों के बीच पर्याप्त दूरी। एक बड़ा-सा मंच जिस पर करीब 25-30 फुट लम्बा पुवाल पर कागज लिपटा हुआ विशाल धनुष। वह भी रंग-बिरंगा। अति सुन्दर। एक मंच पर यह विशालकाय धनुष तो दूसरे पर राजा जनक सपत्नीक विराजमान। तीसरे मंच पर साजिंदे। बड़ा सा नगारा और अन्य साज। चौथे मंच पर राम और लक्ष्मण अपने गुरु विश्वामित्र जी के साथ। इस तरह से थियेटर के इतिहास में एक साथ चार अलग-अलग मंचों से संवाद अदायगी। शायद यह नाट्‌य इतिहास का विरल उदाहरण है।

लोक-नाटक 'धुनषलीला' के मंचन से पूर्व दर्जनों झाँकियाँ शाम से ही पुराने अटरू के मौहल्लों से होकर हाट चौक पहुंचती है। रामचन्द्र जी धनुष तोड़ते हैं। इधर धनुष तोड़ देने से कुपित परशुराम का आक्रोश देखते ही बनता है। कुपित परशुराम बड़े मंच के सामने के गलियारे में दौड़-दौड़कर संवाद बोलते हैं। उनका आक्रोश और ऊर्जा का तेज इतना अधिक होता है कि दो अन्य लोग उन्हें बार-बार पकड़-पकड़कर शान्त करते हैं। साथ ही उनके द्वारा बोले गये हर संवाद के बाद अन्य लोक कलाकार वाह! वाह! की टेर लगाते रहते हैं। जो आज भी ज़ेहन में घुली-मिली है। अपनी भाषा में संवाद अदायगी, अपने लोगों का उत्साह। माहौल को चार-चाँद लगा देता है। लोक के ऐसे उत्सव ही उसकी उत्सवधर्मिता के असल प्रमाण हैं, जो हमें हमारी सांस्कृतिक जड़ों से जोड़े हुए हैं। संवाद की बानगी—

राजा जनक—
'बड़े-बड़े बलवन्ता राजा

कोई न सकै उठाय
शिव धनुष कठिन है भारी
जाकौ पार न पाय'
परशुराम धनुष टूटने के बाद-
'कुण नै तोड्यौ रै म्हारा नाथ
कुण छत्री-प्रगट्यौ-प्रगट्यौ-2
कुण नै तोड्यों नाथ (शिव) को
रे यो कुण नै बैर बसायो रे-ये वाह-वाह जी॥
धनुष लीला के अन्तिम में-
'आश्रम तो जाओ बदरीधाम के
रटो निरंजन-2'
पास ही के मंच से - रामचन्द्र जी की जय का दोहराव
'आश्रम जाओ बदरीधाम कै
रटो निरंजन नाम-2 ये वाह-वाह जी।'

सैकड़ों दर्शकों की अपार भीड़ के साक्ष्य में आयोजित किये जानेवाले इस लोक-उत्सव की भव्यता और अनूठेपन को देवलजी अन्तर्राष्ट्रीय स्तर पर परिचित कराने की मंशा से पूर्ण होकर आज कोटा आए थे। अम्बिकादत्त जी और अतुल कनक जी ने इसका सजीव चित्रण करने के साथ ही देवल जी के मन में उठे तमाम प्रश्नों के जवाब भी दिये। इस बीच इन लोक उत्सवों को विजुअल माध्यम से नयी पहचान दिलाने की जद्दोजहद में जुटे भाई सर्वेश हाड़ा ने भी अपने अनुभव और जानकारियाँ साँझा की। उन्होंने मंच के कुछ छायाचित्र भी देवल जी को उपलब्ध कराये।

इस बीच हम सब अपनी-अपनी स्मृतियों को खंगाल रहे थे। मुझे मेरे अटरू के निवासी राजेन्द्र जी राव की याद आई। मुझे उम्मीद थी कि वह जिस तरह से इस पूरे आयोजन से बरसों से जुड़े रहे हैं। हमारी कुछ न कुछ मदद ज़रूर करेंगे। उनसे भी बात हुई। इसी दरम्याँ अतुल कनक जी सन् 1985 में जब वह प्रेमजी प्रेम, कला समीक्षक रामकुमार जी के साथ अटरू की धनुषलीला मंचन देखने गये थे। उस वक़्त की फोटोग्राफी नयी-नयी ही आम हुई थी। उन्होंने फोटोग्राफी से जुड़ा एक क़िस्सा सुनाया—"वह जब दो मंचों के बीच दौड़-दौड़कर संवाद अदायगी कर रहे परशुराम जी का फोटो लेने लगे तो परशुराम जी संवाद और गति बिसरा कर फोटो खिंचाने के कुछ पल के लिए ठम्म हो गये"। इसी अचंभे को देवल साहब ने एक और नये क़िस्से से जोड़ दिया—कि कई वर्ष पहले जब हबीब तनवीर जी के

निर्देशन में प्रसिद्ध लेखक विजयदान देथा 'बिज्जी' की कहानी 'ठाकुर का रूठना' का मंचन दिल्ली के अलंकार सभागार में किया जा रहा था तो कैमरों के फ्लैश ने ऐसा ही दखल दिया था।

देवल साहब बता रहे थे कि—"नाट्य मंचन के दौरान जब कैमरामैन तस्वीरें लेने लगे तो कैमरे के फ्लैश की चमक से अचम्भित एक कलाकार धड़ाम से मंच पर गिर गया। कथानक से इतर अचानक हुए इस घटनाक्रम को वापस से पटरी पर लाने के लिए दूसरे कलाकार ने स्थिति को सँभाला। वह भी यह कहते हुए कि दिल्ली में बिजलियाँ बहुत पड़ती हैं। दरअसल ठेठ देहात के कलाकारों के लिए यह कैमरों से पहला-पहला परिचय था।"

हमारे जीवन में पहले-पहल जब तकनीक ने चमकदार प्रवेश किया होगा, तब हम सब और हमारे अग्रज ऐसे ही अचम्भों से भरे होंगे। राजधानियों की चमक से देहात इसी तरह धीरे-धीरे परिचय पाता है। उसके लिए हर आविष्कार डर और असमंजस की निर्मिति करता है। देवल साहब अटरू की धनुषलीला की जिस भव्यता और लोक में उसक अद्‌भुत प्रस्तुतिकरण की व्यापक पड़ताल के लिए कोटा पधारे थे। उसको लेकर उनके ज़ेह्न में डर नहीं था, लेकिन मंचन और कथानक की भिन्नता पर आश्चर्य ज़रूर था।

रात के नौ बजने को थे। देवल साहब ने बातों ही बातों में हमारी स्मृतियों में मौजूद धनुषलीला के उजास से प्राप्त जानकारी को चमकाकर अपने जेहन में सँजो लिया था। मैं तो आज उनके इस सानिध्य सुख से ही अभिभूत था। हमारे जैसे नये रचनाकारों के लिए, ऐसी विरल संगते, नायाब पाठशालाएँ जो थीं।

सुन्दर-असुन्दर

28 सितम्बर, 2015

आज दोपहर बाद कला प्रेमी सर्वेश सिंह हाड़ा का फोन आया कि मुझे अम्बिका दत्त को साथ लेकर 'सारोला हाउस' के गार्डन में पहुँचना है। वहाँ स्पिक मैके और उनके संस्थान की ओर से लोकनृत्य 'पुरलिया छाऊ' की प्रस्तुति होगी। आप सादर आमन्त्रित हैं। मैंने हाँ में प्रत्यूत्तर दिया।

सूरज घर लौट चुका था। इस लौटने के दौरान रास्ते की धूल की लालिमा आकाश के एक छोर पर बिखरी थी। जो सारोला हाउस के गार्डन पहुँचते-पहुँचते सलेटी हो गई थी। ईश्वरीय आरती का आभास कराती साँझ पूरी तरह से रात की अगुवानी में खड़ी नज़र आयी। हम दोनों की अगवानी भी सर्वेश जी और स्पिक मैके के अशोक जैन जी ने स्नेहिल भाव से की। वह हमें बड़े दिनों बाद ऐसे आयोजन में उपस्थित देख खुश थे।

इस बीच हमारी ख़ुशी में एक फर्लांग इज़ाफा उस वक़्त हुआ जब सामने से टर्की वाली जुलेहा आती हुई दिखी। गत एक वर्ष में जुलेहा का यहाँ के परिवेश और भाषा से थोड़ा-थोड़ा सा परिचय हो गया था। अम्बिकाजी ने खिलखिलाते हुए अभिवादन किया, बोले—ख़ुश। जुलेहा को खुश को समझने में परेशानी महसूस हुई तो अम्बिकाजी अँग्रेज़ी में खुश का तर्जुमा करते हुए बोले—हैप्पी। जुलेहा प्रत्यूत्तर में 'हैप्पी-हैप्पी' दो बार दोहरा गयी। मेरा और उसका परिचय एक वर्ष में गाहे-बगाहे हुई चन्द मुलाकातों से नहीं बिसरने जितना तो हो ही गया था। हम दोनों कुछ न बोले। सिर्फ़ पलके झपकाकर के अभिवादन हुआ। जुलेहा की खिलखिलाहट वैसे ही थी, जैसी इस वर्ष के प्रारम्भ में पहले परिचय के दौरान देखने को मिली थी। इस बार सात माह बाद मिलना हुआ था। जुलेहा का वजन बढ़ा सा प्रतीत हुआ। कहते हैं चम्बल का पानी है ही ऐसा, लगे जिसके तो ऐसा लगता है कि सूरत और स्वभाव सब बदल देता है। जुलेहा सूरत और स्वभाव से वर्षारम्भ-सी ही थी। बस! थोड़ी-सी वज़नदार लग रही थी। इधर कई सारे ख़्याल हल्के से आकाश की ओर उड़ रहे थे, लेकिन धरती का गुरुत्वाकर्षण हर हल्के ख़्याल को बाँधे रहा।

ख़ैर! हल्के से ख़्यालों के अँधेरे आकाश में उड़ती पतंग की डोर की ढिलाई का अहसास अचानक कानों में पड़ी शहनाई के स्वर से हुआ। अन्धेरा हो चुका था। ज़मीन पर हरी-हरी घास सर्च लाइटों की पीली रोशनी में नहायी थी। एक बगल बिछी सफ़ेद चादर पर साजिन्दे विराजमान। सामने की सफ़ेद चादरों की बिछावन पर बड़ी संख्या में सर्वेश जी के संस्थान के छात्र आ बैठे थे। हम एक दर्जन से अधिक जवान और बुज़ुर्ग लोग कुर्सियों पर।

लोक कलाकारों में, अपनी कला के प्रस्तुतिकरण के लिए, ईश्वर उनमें असीम ऊर्जा का संचरण करता है। पुरलिया छाऊ लोक-नृत्य में शामिल सभी कलाकार यूँ तो गाँव में खेती-किसानी करते हैं। लेकिन जब मंच पर पूरी ऊर्जा के साथ अपने हुनर को प्रदर्शित करते हैं तो चहुँ-ओर अचंभे का भिन्न संसार रच जाता है। कद, सबका करीब-करीब पाँच फीट। पाँच फीट के कद पर ढाई-तीन फीट का भव्य मुकुट, लेकिन कला का जो संसार अपने प्रस्तुति से रचते हैं। उसकी अनुभूति के सारे चिन्ह उनके अप्रतिम नृत्य में शामिल नज़र आते है।

सारोला हाउस के गार्डन में बैठे हम में से अधिकांश ने पहली बार यह मुखौटा नृत्य देखा था। मैंने भी पहली बार ही। और टर्की वाली जुलेहा जिस तरह से एक-एक दृश्य अपने मोबाइल कैमरे में कैद करने में जुटी दिख रही थी। उससे तो उसका भी पुरिलया छाऊ से पहला ही परिचय नज़र आ रहा था। बीच-बीच में मेरी नज़रें सारोला हवेली की ऊपरी मंजिलों की खिड़कियों-दरवाज़ों पर जा टँगती। बस इस ख़्याल में कि हवेली की कोई खिड़की तो इस कला को देखने के लिए खुलेगी। लोक नृत्य की शुरुआत से थोड़ी देर तक तो कोई रोशनी दरवाज़े से बाहर नहीं आती दिखी। लेकिन कुछ समय बाद हवेली के पहले माले पर एक दरवाज़ा खुला था। अब यह जूनी हवेली कला का संज्ञान लेने लगी थी। मुझे भी एक अजानी-सी राहत का अहसास हुआ। जब तक नहीं खुली थी। तब-तक बेकली क्यों थी? मैं भी ठीक से नहीं जानता। बस यूँ ही यह ख़्याल आ गया था कि कभी ऐसी ही हवेलियाँ कलाओं से आबाद रही होगी। इन हवेलियों से मिलनेवाली बख्शीश से कला को नव संजीवन मिलता रहा होगा। इन हवेलियों की बैठकों में जब सितार के तार झनझनाते होंगे, तब हर सुनने वाला परमानन्द की सीमा में चला जाता होगा। इन हवेलियों ने संगीत को सुर बख़्शे है। गायकों के कंठों में मिठास को घोले रखा है।

आज जब ऐसी ही एक हवेली (सारोला हाउस) बहुत देर तक सन्नाटे में डूबी, रही तो इसी तरह के बेतरतीब ख़्याल उधम मचाने लगे। इधर नृत्य में प्रसंग दर प्रसंग कलाकार अपने बेहतरी अभिनय की गहरी छाप छोड़ रहे थे। युद्ध प्रसंग मे इन कलाकारों की मंच पर फुर्ती देखते ही बन रही थी। शेर के पुतले के भीतर रहकर दो कलाकारों ने जो जीवंतता प्रस्तुत की। उसे देखकर लगा ही नहीं कि निर्जीव,

निर्जीव होता है और सजीव, सजीव। करीब एक घंटे हम इस अद्‌भुत नृत्य कौशल के मोह–पाश में बँधे रहे। जिसमें सिर्फ़ नृत्य और कलाकार की भाव–भंगिमाएँ ही अपने दर्शकों से मूक संवाद कर रही थी—अद्‌भुत!

"कोई नहीं बोलता
सम्पूर्ण मंच निःशब्दता से भरा
मुखौटों से ढके चेहरे
सिर्फ़ थिरकन–भंगिमाएँ करती हैं संवाद
इस बीच
बूढ़े कंठ से कुछ साँसें उधार ले
बजती रही एक शहनाई अनथक
एक ढोल, एक नगारे की खनक
कलाकारों की नाटी देह में
जलाये रही
असीम स्फूर्ति की लौ
जिन्हें बिना कुछ कहे
सिर्फ़ मुखौटों से रचना होता
कथा का जीवन
नगारा करता युद्ध की मुनादी
शहनाई रचती रहती
देवताओं का सुख–दुःख
मुखौटों की इस मूक लड़ाई में
आख़िर जीतते
सुन्दर मुखौटे जो देवताओं ने पहने
दानवी असुन्दर मुखौटे
हार जाते अन्त में
हो जाता जब
महिषासुर मर्दन
माँ दुर्गा के हाथों।"

(पश्चिम बंगाल का लोक नृत्य पुरलिया छाऊ देखकर)

इस बीच मैंने भी मोबाइल में कुछ दृश्यों की विडियो रिकॉर्डिंग कर ली थी। ख़ास तौर पर शेर की अद्‌भुत प्रस्तुति। घर लौटकर बिटिया पारुल को दिखाया। उसकी ख़ुशी का ठिकाना नहीं था। उसे मैंने पूरी कथा संक्षेप में सुनाई। ख़ास तौर पर

बड़े-बड़े मुखौटों को देखकर उसके ज़ेहन में जो अचरज उतर आया था, उसे बाहर निकाला। आख़िर में उसने कहा—"ऐसे फोटो तो मेरी किताब में भी हैं।"

अब उससे ऐसा कहने कि हिम्मत नहीं जुटा सका कि "बिटिया रानी कुछ दशक बाद संसार का सारा अद्‌भुत और अचरज से भरा सिर्फ़ किताबों में निर्जीव चस्पा होगा। तुम्हारी कुछ चीज़ों को देखने की ज़िद तो में आज भी पूरी नहीं कर सकता। हो सकता है आनेवाले समय में बच्चे ज़िद करना ही बिसर जाएँ।"

इन्हीं ख़्यालों के बीच मैं टीवी का रिमोट हाथ में लिए चैनल बदलने लगा। समाचारों में कुछ भी नया नहीं था। यूँ कहें समाचारों में सूचनाओं का अम्बार लगा था। इधर आँखों में नींद का।

गाँव का भोलापन

1 अक्टूबर, 2015

यह देश गाँवों का देश है। गाँवों में भारत की आत्मा निवास करती है। शहरीजन, गाँव को गाँव की तरह जानते। ऐसा अवसर उन्हें कम ही मिलता है। प्रेमचन्द और रेणु को पढ़कर भी बहुतो ने गाँव से परिचय लिया। किसी गाँव का भोलापन कभी-कभी उस गाँव की पहचान बन जाता है। कई गाँव आज भी बहुत भोले हैं। इतने भोले की असली और नकली की पहचान लेने के हुनर से कोसों दूर।

आज शाम को घर लौटा तो भुवनेश ने दिन में घटित एक घटना का ज़िक्र किया कि आज घी बेचनेवाली दो औरतें अपने मौहल्ली में आयी थी। तीन सौ रुपये में दो किलो घी दे रही थीं। उन्होंने बहुत कोशिश की हम मौहल्ली की औरतें उनका घी खरीद लें लेकिन उनकी कोई दाल नहीं गली। मैंने पूछा ऐसा क्यों? बोली- ''घी मं मिलावट होगी, जदी तौ अतनौ सस्तो द्ये रही छी। न्हं तौ अतनौ सस्तो भाव घी!'' उसकी इस चतुराई पर मुझे थोड़ी सी ख़ुशी भी हुई कि वह उन औरतों के झाँसें में नहीं आयी।

मैं अपनी बात की पूर्णाहुति कर पाता, उसे पहले ही उसने अपने गाँव के पास ही स्थित ऐसे गाँव के क़िस्से छेड़ दिये कि कैसे वह गाँव ऐसे नकली माल को असली समझ कर खरीदता रहा। उसकी बात ही बात में मैं उस गाँव के नाम को पहचान गया, गाँव है- 'कटावर'। इस गाँव के ऐसे कई क़िस्से हमारे यहाँ मशहूर हैं। कटावर गाँव के लोगों को कई बार लोगों ने असली माल बताकर नकली माल थमा दिया था। आज भी उन घटनाओं का ज़िक्र कर आस-पास के लोग कटावर के लोगों का मज़ाक बनाते हैं।

इस गाँव के भोलेपन के क़िस्से मैंने भी बचपन में बहुत सुने थे लेकिन आज मैं चुप रहा और भुवनेश से ही उन बातों को दुबारा सुनने का मोह जाग गया। मैंने थोड़ी अनभिज्ञता ज़ाहिर की तो भुवनेश अपनी स्मृति के कोटर से क़िस्सों के पंछी पकड़ लायी। बोली—''सुना है एक बार कटावर में शाम को एक ट्रक आकर थमा। ट्रक में सीमेंट के कट्टे भरे थे। ट्रक में सवार लोगों ने इसी गाँव में सीमेंट के कट्टे

बेचने का मन बना लिया था। वह भी बहुत सस्ते में। लालच बुरी बला। थोड़ी देर में ही ट्रक में भरे सारे सीमेंट के कट्टे बिक गये। रात के अँधेरे में लोगों ने सीमेंट के असली-नक़ली की पड़ताल तो की नहीं। बस जिसकी जितनी हैसियत थी, उतने कट्टे सीमेंट खरीद लिये। रात के अँधेरे में ठगे जाने का पता तब लगा, जब दिन के उजाले में किसी ने कट्टे का मुँह खोलकर देखा। पता लगा कि जिसे सीमेंट समझ कर खरीदा था। वह तो दरअसल सीमेंट था ही नहीं। वह तो कोरी राख-बानी थी। जो दिखने में सीमेंट जैसी थी पर कोई लोच न था।'' इस तरह एक बार एक गाँव अपने भोलेपन के कारण ठगा गया।

भुवनेश की इस बात को पुख़्ता करने के लिए मैंने भी उसे भरोसा दिया कि वह सही कह रही है। मैंने भी सुना है कि एक बार ऐसा हुआ बताया। मैंने उसकी बात को बल दिया तो उसने इसी गाँव से जुड़ा एक और क़िस्सा परोस दिया। यह क़िस्सा नकली घी से जुड़ा था। इसी क़िस्से के सुने होने के कारण आज वह उन दो औरतों के झाँसे में आने से बची थी। वह बता रही थी कि एक बार सीमेंट की तरह ही घी बेचनेवाले इस गाँव में आये थे। जिन बर्तनों में घी भरकर लाये थे। उनमें ऊपर-ऊपर घी और थोड़े नीचे राबड़ी भरी थी। वह भी मक्का की। बेचनेवाले इतने चतुर सुजान थे, कि जिसने घी खरीदा उसे बर्तन सहित बेच गये। पड़ताल की और दिन के उजाले में बड़ा चमचा घुमाया तो पैंदे में घी परत हटते ही मक्का की राबड़ी निकली। इस तरह कुछ समझदारों ने गाँव को बेवक़ूफ़ समझ नक़ली घी बेच दिया। मैं भुवनेश की बात को चुपचाप सुनता रहा।

मेरी ओर से कोई उत्साहजनक प्रतिक्रिया नहीं आती दिखी तो उसने तीसरा क़िस्सा शुरू कर दिया। यह क़िस्सा उसके अपने रिश्तेदार के साथ घटित घटना का वर्णन था। इसलिए कहने लगी कि यह बात तो बिल्कुल सच है। मैंने कहा—कौन-सी बात ? बोली—मेरी बुआजी कटावर में रहते हैं। एक बार चाँदनी रात में उनके घर के बाहर गरियाले में किसी ने पेशाब कर दिया। उसके बहने से ऐसी आकृति बनी कि मानो काला साँप हो। देर रात को बाहर चबूतरे पर खाट बिछाकर सो रहे एक बुजुर्ग की नींद खुली। उन्होंने गरियाले की ओर देखा तो उस आकृति को साँप समझ बैठे। उनके द्वारा साँप-साँप का हल्ला मचाने पर मौहल्ले के कुछ लोग इकट्ठे हो गये। वह लोग भी इतने भोले थे कि साँप की पड़ताल करने बजाय पेशाब के टेले पर ही लाठियाँ भाँजने लगे। रीते लठों की टप-टप आवाज आयी और आकृति में कोई हलचल न हुई तो उन्हें शक हुआ।

एक-दो लोग डरते-डरते नजदीक गये तो पता चला कि दरअसल जिस आकृति को वह साँप समझ रहे थे। वह साँप था ही नहीं। कई दिनों-महिनों तक गाँववालों की इस नासमझी का विनोदपूर्ण क़िस्सा क्षेत्र में सुनाया जाता रहा कि

कटावर गाँव के लोग कितने भोले हैं। इस क़िस्से को सुनाते हुए भुवनेश को थोड़ी झिझक हो रही थी। यह होना लाजमी भी था। क़िस्सा जो उसके बुआजी के मोहल्ले का था। उसे लग रहा होगा कि मैं कभी उसकी बेवकूफी पर इस क़िस्से का ज़िक्र कर उसके चिढ़ाऊँगा कि तुम्हारे बुआजी के गाँव के लोग कितने नासमझ हैं। ऐसे में तेरी बेवक़ूफ़ी खानदानी है।

एक गाँव को लेकर ऐसे कई क़िस्से मैंने भी बचपन में बहुत सुने। यह घटनाएँ अगर सच भी हो तो भी इस बात की गुंजाइश तो बची ही रहती है कि कोई भी गाँव अपने भोलेपन के कारण ऐसी ठगियों का शिकार हो सकता है। आज भले ही गाँव के लोग समझदार और शिक्षित हो गये हों, लेकिन गाँव में बाज़ार लेकर पहुँचने वाले ठग सीमेंट, घी वाले ठगों से कम शातिर नहीं हैं। आज के ठगों को नीम अँधेरे का इन्तज़ार नहीं होता। वह तो इतने हुनरमन्द हैं कि दिन के उजाले में ही गाँव की आँखों में धूल झोंक जाते हैं और गाँव को ठग लिए जाने की भनक भी नहीं लगती।

आज बाजार ने जब से गाँवों में चकाचौंध भरी दस्तक दी हैं। गाँव भी शहरी लिबास पहरने को आतुर नज़र आता है। वह अपने खेतों में जो बीज बोता है, जो कीटनाशक छिड़कता है, जो खाद डालता है –सब बेअसर। नक़ल में अक़्ल लगाना, बिसरा गाँव धीरे-धीरे अपनी पहचान खो रहा है। शासन ने शोषण के हथियार बदल दिये। जिन आँखों में तरक्की के सपने पलते हैं, उन आँखों की पलकों पर नागफनी उग आई है। विकास की कथित चकाचौंध से आँखों में रतौंधी उतर आई है। सब कुछ धुँधला-धुँधला-सा है।

इधर भुवनेश की स्मृति में जमा क़िस्से भी समय के धुँधलके में खो गये थे। मुझे याद भी आ रहे थे तो सुनी सुनाई इन बातों का कोई सिरा ढंग से पकड़ में नहीं आ रहा था। दरअसल ऐसे वैद्य अब कम ही बचे हैं जो गाँव की नाड़ी पकड़ उसकी असल बीमारी पकड़ सकें—

''गाँव तो भोला ही रहा सदा
बाज़ार ठग के लौट गया शहर।
साँझ को बाँटे
सपने उजालों के
दूजे पहर पकवान सजाये गंये
गाँव की थाली में
झक दुपहर
शीतल बयार के डिब्बों ने
स्याह कर दी साँवली काया।

बैल जो निकले दहलीज़ से पार
नहीं लौटे फिर
ट्रैक्टर पूजे गये दीवाली के दिनों
मीठे तेल में डूबी रही दिये की बाती
कई हिस्सों में बँट गये खेत
आँगन में दीवारों का जमघट लगा हैं
दुःख इतने कि बाँटें न बँटे
सुख बाँटता रहा सदा गाँव।
बाज़ार में
दुःख भी बिकता है
सुख भी बिकता है
बिकना जरूरी शर्त है
बाज़ार के लिए।''

एक है मयूखेश्वर
11 अक्टूबर, 2015

वैसे समय कभी भी आसान नहीं रहा। हमारे पुरखों के समय की कंठिनता से, थोड़ी भले ही, हमारे समय की कठिनता अधिक हो पर समय का कठिनता से कभी पल्लू नहीं छूटा। आज के पैतीस बरस पहले आज के कठिन समय का अन्दाज़ा रहा होगा इस कवि को। हाँ मैं बशीर अहमद 'मयूख' की बात कर रहा हूँ।

"ईश्वर अल्लाह वाहे गुरु, चाहे कहो श्रीराम।
सबका मालिक एक है, अलग-अलग है नाम॥"

जी हाँ! यह ध्येय वाक्य कवि बशीर अहमद द्वारा आज से पैतीस बरस पहले स्थापित कोटा में एक मन्दिर के प्रवेश द्वार पर उक्त पंक्तियाँ उत्कीर्ण हैं। आज इसी मन्दिर के स्थापना दिवस के सादा समारोह में शामिल होने का अवसर मिला। कवि रामेश्वर शर्मा 'रामू भैय्या' जी के बुलावे पर। मन्दिर का नाम मयूखेश्वर महादेव मन्दिर। स्थान-शहर के विज्ञान नगर क्षेत्र का एक पार्क। कवि समय से कई अधिक अग्रिम का दृष्टा होता है। उसे भी समाज के समरसता पूर्ण ताने-बाने के बिखरने का अन्दाज़ा रहा होगा। तभी तो पैतीस बरस पहले इस कवि ने ऐसा साहस जुटाया। इस तरह के साहस के संचय में उन्हें शिव तत्त्व के गहन चिन्तन ने प्रेरित किया। आज समारोह में भी उनके—'मैं और मेरा शिव चिन्तन' पर विचार से मौजूद लोगों को परिचित कराया गया। मुझे लगता है कि यहाँ साम्प्रदायिक सौहार्द्ध के इस पूर्णाहुति में जिस संकल्प ने समीधा की शक़्ल अख़्तियार की उसके मूल चिन्तन से आपको अवगत कराना चाहिए। कवि मयूख के शब्दों में, जो इस प्रकार है—"नियति भी कैसे नाच नचाती है, रक्त की दृष्टि से मैं सीमान्त गाँधी अब्दुल गफ्फार खान तथा व्याकरणाचार्य पाणिनि के पठान कबीले से सम्बन्धित आफरीदी पठान अर्थात् शुद्ध आर्य। शिव आर्य एवं द्रविड़ संस्कृति के समन्वयक हैं। इस धारण की पुष्टि कई उदाहरणों से हो सकती है।

विषपायी शिव भोले, किन्तु क्रूद्ध होने रुद्र त्रिनेत्री, अनाचार-अन्याय के

विरुद्ध ब्रह्मा तक का सिर उतार लेने को तत्पर। मुझे लगा मेरे अनुकूल है देवाधिदेव शिव का चरित्र। फिर क्या था, प्रियतम से आँख लड़ गयी। दूसरी बात—मर्यादा पुरुषोत्तमों, मनीषी विचारक उपदेशकों, सूफी सन्तों, महापुरुषों की भारी भीड़ से भरे भारत को वह गौरवशाली स्थान क्यों नहीं मिल रहा। जिसका वह नैसर्गिक अधिकारी है? उत्तर मिला कि हम अपने उत्कृष्ट चिन्तन को आचरित नहीं कर पा रहे। चिन्तन उत्कृष्ट, आचरण निकृष्ट। मन ने कहा—मयूख अपने विचार को आचरण में ढाल। शिव के चरित्र के प्रति आस्था का अंकुर तो पहले से ही विद्यमान था। प्रकटीकरण हो गया और इस प्रकार सन् 1981 से चार दिवस पूर्व खुले मैदान में एक चबूतरे पर आन बिराजे देवाधिदेव 'मयूखेश्वर महादेव' जो आज हरित-भरित उद्यान में बड़, पीपल, बेल, कदम्ब, आँवला आदि वृक्षों से पूरित लगभग सात लाख रुपयों से निर्मित स्थापत्य में शिव-परिवार सहित शोभित हैं।

शिव के साथ अशिव, शुभ के साथ अशुभ, देवी के साथ आसुरी शक्तियों का संघर्ष तो चलता ही रहता है, निहित स्वार्थी षड़यन्त्रों के सागर-मंथन से निकला हलाहल शिव भक्तों को पीना ही पड़ता है। शिव हमारे संकल्प की आसुरी प्रवृत्तियों से रक्षा करें। इसी कामना के साथ अपनी कविता की चार पंक्तियों द्वारा अपने पठान कबीले के पूर्व-पुरुष पाणिनि एवं आस्था के प्रतीक शिव के चरित्र को नमन प्रणाम अर्पित कर रहा हूँ—

> ''दक्ष-यज्ञ के अग्नि कुंड की अपमानित ज्वाला से झुलसे
> महासती के शव को लेकर तांडव नृत्य करें जब शंकर
> डिम-डिम-डिम-डिम डुमक डुमक डुम डमरू घोष से निकला जो स्वर
> पाणिनि का व्याकरण बन गया इसी शब्द की ध्वनि को जी कर।''
>
> —बशीर अहमद 'मयूख'

कवि रसखान की राह पर पैतीस कदम आगे बढ़ा चुके इस कोटा के कवि 'मयूख' की शिव के प्रति गहरी आस्था का प्रतीक यह शिव मन्दिर कठिन होते जा रहे समय को सरल बनाने में मदद करता है।

आज जब हर किसी के तरक्की के पंख लगे हैं, उतना ही समाज जड़ता का भी शिकार होता दिख रहा है। ऐसी जड़ता जो उसे मनुष्य होने से बार-बार थामती दिखती है। जबकि आज का समय मनुष्यता की दरकार से भरा है। ऐसे में एक कवि की आस्था का प्रतीक यह मन्दिर परिसर एक अलग ही भाव मन में प्रस्फुटित करता है। हमने जितनी तरक्की की सीढ़ियाँ चढ़ीं उतनी ही गति से हम मनुष्यता से उतरते गये। कभी कहा करते थे कि रसाई में बर्तन बजते ही हैं। अब हमारी रसोई ही कई-कई हिस्सों में बँटी हुई है तो बर्तन को क्यों उलाहना दें कि वह बजते बहुत हैं। इतने

बर्तन ही नहीं रहे रसोइयों में अब कि उनके टकराहट की आहट से गृहिणी की नाराज़गी का पता मिले। अब तो दुःख की एकाकी सिसकियाँ दीवारें सुनती हैं, जो न बोल सकती हैं न सिसक सकती हैं।

हमने सद्भाव के दरख्त की सारी शाखें अपनी स्वार्थ की कुल्हाड़ी से काट दी है। अब ठूंठ खड़े हैं घरों के बीचों-बीच। आँखों में नागफनियाँ उग आयी हैं। हमें ख़ुद का दुःख तो क्या दूसरे का सुख भी फूटी आँख नहीं सुहाता। अविश्वास के दावानल ने भाईचारे बनराई को जला कर खाक़ कर दिया है।

ऐसे में बचपन के वह गुजरे हुए दिन रह-रह कर आज अधिक याद आते हैं कि गाँव में त्योहारों की रौनक उनक घरों में भी कम नहीं रहती थी, जिन घरों में पाँचों वक़्त की नमाज़ के सजदे हुआ करते हैं। गाँव में जब भी इन मुस्लिम परिवारों में शादी-ब्याह होता था, तब निकाह से दो दिन पूर्व अलग से पूरे गाँव का जीमण होता था, जिसमें पूरा गाँव मेहमान होता था तो आधा गाँव रसोड़े का काम अपने हाथों निपटाता था। हिन्दू के घर में उत्सव होता तो इनको जीमण पर बुलाना कभी नहीं बिसरते थे। सब एक-दूसरे के लिए आठों-पहर खड़े रहते थे। लेकिन आज हमने असहयोग-कुटिलता का पाठ शहरों और नेताओं की जहर उगलती ज़ुबानों से सीख लिया।

> "कभी कुछ और नहीं थे हम
> मनुष्य के सिवा
> रामलाल की दहलीज़ पर जलते दीये की रौशनी
> रहमान की चौखट तक जाती थी बेझिझक
> होली के सतरंगों में भीगी रहती कमीज
> दोनों की बेटियों की विदाई में
> चार जोड़ी आँखों में उतर आता था पानी
> आज हम
> सब कुछ हो जाने और
> हासिल करने को आतुर
> मनुष्य होने से बचते जा रहे हैं लगातार
> ऐसा नहीं हो एक दिन
> यह विशाल पृथ्वी तो रहे जस की तस
> मनुष्य की कहीं मौजूदगी न हो
> जन्नती फरिश्ते सो जायें चैन की नींद
> शैतानों की बस्ती में पसरी हो
> मरघट-सी ख़ामोशी।"

निब के चीरे से

5 नवम्बर, 2015

"मैं एक शब्द लिखता हूँ
ऐन उसके पहले
वे तय कर देते हैं
उसका अर्थ
वे खींच देते हैं दो पंक्तियाँ
और कहते हैं
उतार लो इनमें आज का पाठ
सुलेख लिखो सुन्दर और
कोमल लिखो अपने दुख
हमारे सन्ताप रिसते हैं निब के चीरे से
काग़ज की छाती पर कलंकित

मैं एक शब्द लिखता हूँ
और ज़िन्दा रहने की नागरिक क़वायद में
जीता हूँ मृत्यु का पश्चात्ताप संगसार
होता हूँ बार-बार
और मैं एक और शब्द लिखता हूँ...।"

—कुमार अनुपम

कवि ने अपने समय की सच्चाई को जिस चिमटे से पकड़ा है, उस चिमटे ने जैसे ही चूल्हे के रावे से अंगीरे को बाहर रखा उससे पहले ही सारे उपक्रम के अर्थ बदल देने की विडम्बना ने उसे बड़ी चालाकी से घेर लिया।

इन एक-दो दिनों में मौसम में जो उत्परिवर्तन हुआ। वह सब के अनुमान से परे रहा। दिन में माथे पर चढ़ा सूरज जैसे ग्लेशियर से गले मिल आया हो। कुछ न

कहो—कब क्या घटित हो जाये। इसका पक्का पता तो घटित करनेवालों को भी नहीं होता। होठों से बाहर जो शब्द निकले वह शाम तलक इतने अर्थों से लद विकृत होते दिख रहे हैं कि साँझ तक घर वापसी लायक भी नहीं रहते। वापसी की कोई गारंटी भी नहीं होती। गली के नुक्कड़ से चौराहे तक हादसों की घात से बच पाना रोज घर लौटकर, बच जाने के सन्तोष से भर देता है।

इन हादसों की ज़द में जो साबुत बचे रहे या रहेंगे वह हमारी नागरिक क़वायद का संजीवनी प्रसाद ही मानिए। शब्द फिर भी बचे रहेंगे हैंगर पर, खूँटी पर टँगे पुरानी कमीज़ की तरह। जिन्हें कोई ज़िन्दा आदमी कवच की तरह पहन कर निकलेगा। उसके शब्दों के अर्थ बदल देने से पूर्व वह समझा चुका होगा शब्दों के असल मायने।

यह समय ज़िन्दा रहने की नागरिक कवायद के लगातार करते रहते का समय है। हमें शब्द को उसके अर्थ के साथ जीवित रखने के लिए बार-बार शब्दों का लिखना जारी रखना होगा। तभी हमारा दख़ल हमारे अपने समय में होगा।

इधर अचानक हुई सर्दी की दस्तक ने शरद के आगमन का भड़भड़ाता हुआ सन्देश दे दिया। सुबह की धूप सुहाने लगी। साँझ की शीतलता को ठंडी हवाओं ने बर्फीले तीर मथा दिए। यूँ अचानक चली इस शीतल बयार से बचना लाज़मी ही था तो शाम को सड़कों पर देर तक टहलना थामना पड़ा। वैसे जब भी अचानक कोई बदलाव की बयार का अहसास हो जाये तो थोड़ा थमकर मौसम का अन्दाज़ा लगा लेना समझदारी की निशानी है।

शहर से अभी डेंगू ने पैर समेटे नहीं थे कि इस आकस्मिक शीतलता ने स्वाइन फ्लू के संकट को दुगुना कर दिया। यह शब्दों के स्वाइन फ्लू का दौर है। वेंटीलेटर पर भी शब्दों को नहीं बच पाने की चिन्ता वर्णमाला को है, बारहखड़ी को है, पर सामने से दिखने वाले पृष्ठ को नहीं। पृष्ठ तो शब्दों के जंजाल से अटा पड़ा है। दुःख तो असल उस हाशिए का है जो शब्दों से रिक्त है। देश की अधिकांश जनता हमेशा इसी हाशिए पर पड़ी है। उनके इस पड़े रहने की मुद्रा से किसी भी शब्द की आकृति नहीं मिलाई जाती है। इस उपेक्षित भीड़-ठेर से कुछ शब्द अपने आकार में उभरते भी हैं तो उनके पूर्ण होने से पूर्व ही अर्थ बदल दिये जाते हैं।

"बैशाख की गर्दन पर
शरद की काँपती अँगुलियों के निशान
फागुन की फोरेंसिक लैब में
काला रंग अधिक मिला जाँच के दौरान
इन्द्रधनुष

सावन में नहीं उगता
सारे रंग
बढ़ा रहे हैं मुखौटों की शोभा
आदमी का असल रंग
ग़ायब है इन दिनों।''

एसी चेयरकार निजामुद्दीन टू कोटा वाया मथुरा

21 नवम्बर, 2015

माह नवम्बर। फिर भी सर्दी के मौसम का दूर–दूर तक पता नहीं। कभी कड़ाके की ठंड हमारी दिनचर्या में आमूलचूल परिवर्तन ला देती थी। आज दोपहर को दिल्ली से कोटा लौट रहा था। वह भी जनशताब्दी एक्सप्रेस से। एसी चेयरकार में आरक्षण एक पखवाड़े पहले ही पक्का कर लिया था ताकि सफ़र में कोई परेशानी न हो।

भारतीय रेल का सफ़र भारत दर्शन की तरह होता है। कई तरह की विविधताओं को संजोयें हुए लोग। रेल की अपनी सांस्कृतिक झलक होती है। जीवन के कई रंग भारतीय रेल के सफ़र में देखे–समझे जा सकते हैं। यात्रा लोकल डिब्बे में हो तो फिर कहना ही क्या। जीवन का हर रंग, हर भाषा और लहज़े से रूबरू होते हुए सफ़र करना हमारे जीवनानुभवों की नई जमीन तैयार करता है।

आज दिल्ली से कोटा के लिए एसी चेयरकार का सफ़र अलहदा रहा। सामान्य श्रेणी डिब्बों में सफ़र करनेवाले लोगों को जानना और एसी डिब्बों में सफ़र करनेवाले भारत की वातानुकूलित धड़कन को सुनना, आपस में गहरी भिन्नता लिए हुए होते हैं। क्योंकि एक पखवाड़े पहले ही टिकिट आरक्षित करवा लिया था तो मेरे हिस्से इस यात्रा में खिड़की के पासवाली सीट पक्की हो गयी थी। हम भारतीयों की मानसिकता में सफ़र के दौरान खिड़की के पासवाली सीट मुहैया हो जाना सफ़र में प्राथमिक जीत की तरह होती है। हर किसी की मंशा होती है कि उसे यात्रा के दौरान खिड़की से झाँकते रहने का अवसर मिलता रहे।

कई बार तो छोटी–बड़ी यात्राओं के दौरान अगर खिड़की की पासवाली सीट पर हम जम लेते हैं तो फिर तमाम मिन्नतों के बावजूद सीट नहीं छोड़ते। कोई जोर जबरदस्ती भी करे तो यह बहाना बनाने से भी नहीं चूकते कि मुझे चक्कर आते हैं या फिर मुझे यात्रा के दौरान उल्टी हो जाने का डर रहता है। पता नहीं क्यों मुझे ऐसा लगता है जैसे खिड़की से आनेवाली ताज़ी हवा ही उनके स्वास्थ्य के बिखराव को समेटे हुए है। विन्डो सीट का चस्का गज़ब का होता है। विन्डो सीट मिल गयी तो फिर हम एक अतिरिक्त सुकून से भर जाते हैं। यहाँ टिके रहने के लिए हम कभी–

कभी बड़ी चालाकी से कोई न कोई ठोस बहाना बना लेने में माहिर हैं। कभी-कभार यह बहाना सच भी हो सकता है, यह दीगर बात। कभी कभी हो सकता है, हर बार तो नहीं ना। इस आज के सफ़र में भी कुछ ऐसा ही हुआ। विन्डोवाली सीट जो मेरे नाम से आरक्षित थी, डिब्बे में घुसा तो उस पर एक अधेड़ से थोड़ी अधिक उम्र की महिला पहले से ही जमी हुई थीं।

मैंने अपनी सीट होने का तकाजा किया तो बोली—"भैया आप बगलवाली सीट पर बैठ जाइये। हम तीनों—उसका पति और एक नेपाली नौकर एक संग बैठ सकेंगे। ज़रा इनकी तबीयत ठीक नहीं है।" मैंने महिला के पति जो इन दोनों के बीच बैठा था उसे एक नज़र देख कर अन्दाज़ा लगा लिया कि यह काई ठोस बहाना नहीं था बल्कि कभी-कभारवाला सच था। जो आज इस सफ़र में मेरे हिस्से आया था। मुझे क्षणिक रूप से ठोस प्रतिक्रिया के लिए शब्द तो मिले पर दूजे ही पल सारे शब्द इस यात्रिक पुण्य की लालसा से ढक गये। मैं बगलवाली सीट पर बैठ गया। ट्रेन अपने गन्तव्य की ओर रवाना हो गयी। निजामुद्दीन से कोटा वाया मथुरा। शुरू हो गया एसी चेयरकार का वातानुकूलित सफ़र। वह भी साहित्य अकादमी के 'युवा लेखक उत्सव' में कविता पाठ के लिए आमन्त्रित किए जाने के कारण। वरना जीवन का ज्यादातर सफ़र साधारण श्रेणी में ही कटा। इस सफ़र का अपना आनन्द है अगर अनुभूत करने की पात्रता रखते हो तो। यह साधारण श्रेणी की यात्राएँ ही हमें असल भारत की बहुलता-विविधता की तस्वीर से रूबरू करवाती हैं। यहाँ सुख और दुख के साझा पुल से जीवन की आवाजाही होती रहती। हर स्टेशन के आने से पूर्व अपना सामान समेट उतर जाने की खबर कानफाड़ू सीटी की आवाज से मिलती है। जैसे किसी ने कहा भी है—"जीवन में सुख और दुख रेल की उन दो पटरियों की तरह से हैं जो कभी मिलते नहीं, इन्हीं दो पटरियों पर घूमते रहते हैं पहिए, जैसे रेलगाड़ी, जीवनगाड़ी हो गई जो सुख-दुख की पटरी पर बस धकेली जाती है।

जिस विन्डो सीट से मुझे ठोस बहाने के साथ बगलवाली सीट पर बिठा दिया गया था या फिर संवेदनशील होने की गर्वोक्ति के साथ मैंने जिसे स्वीकार कर लिया था, उस सीट पर करीब सात घन्टे का सफ़र मेरे लिए वातानुकूलित दुख से परिचित करानेवाला रहा। अब मेरी बगल सीट, वह सीट जिसकी विन्डो सीट मेरे लिए रिर्जव थी उस पर वह महिला बैठ गयी जिसने अपनी पति की तबीयत की नासाजी का हवाला दिया था। उसके पास बीमार पति। अमीर आदमी बीमार भी होता है तो उसके बीमार होने का पता उसकी त्वचा की दमक और उसके पहनावे से नहीं लगा सकते। हाँ उसकी शारीरिक अक्षमता से ज़रूर लगाया जा सकता है। अब बची तीसरी सीट, गैलेरीवाली। जिस पर एक नेपाली युवक बैठ गया जो शायद उनका घरेलू नौकर था। तीनों में से नाम सिर्फ़ नौकर का ही पता चल सका। वह भी असल

नहीं सिर्फ़ घरेलू नाम उसको बीच बीच में काम औढाते हुए। रामू... जरा इनका हाथ पकड़ना, रामू जरा इनको बाथरूम कराना, वगैरह-वगैरह।

अभी ट्रेन ने बल्लभगढ़ ही पार किया था कि कुछ बिस्किट का नाश्ता, फिर पिंड खजूर जो कि महंगे पैकेट से उस महिला ने निकाले थे, जो पूरी क़वायद से अपने पति के मुँह का जायका बदलने में जुटी थी। कोई भी चीज़ खाना शुरू करते। वह दोनों पति-पत्नी जितना मिलाकर खाते उससे अधिक रामू खा जाता। आलू की सूखी सब्जी और पुड़ियों की बेला में भी यही हुआ। पूड़ी की गिनती का अन्दाज़ा मैं नहीं लगा सका लेकिन सब्जी तो अस्सी फीसदी उसी ने चट की। सब्जी खाते वक़्त कह रहा था - "अम्मा जी आज सब्जी उतनी स्वादिष्ट नहीं बना सका, जल्दी-जल्दी में। फिर भी ठीक है।" यह कहते-कहते प्लास्टिक के डिब्बे से बची-खुची सब्जी भी अपनी प्लेट में उड़ेल ली। दोनों पति-पत्नी अभी भी चिड़ियों-से अपने हिस्से का दाना धीरे-धीरे चुग रहे थे। बीच-बीच में बीमार पति की खाँसी ... पत्नी पानी का गिलास भरने में जुट जाती। रामू सिर्फ़ आराम से आराम से कहकर उदरपूर्ति में जुटा रहा।

ऐसे हालात में किसे दोष दें, क्या रामू को? जिसकी कोई गलती नहीं। वो तो सिर्फ़ नौकर ठहरा। मालिक के हुक्म की तामील कर रहा था। जितनी बन पड़े उतनी सेवा। अब रामू कोई देहात का सेवक तो था नहीं कि पहले मालिक के माता पिता खा लें, फिर थोड़ा बचे तो थोड़े में ही उदरपूर्ति कर ले। यह तो देश की राजधानी का रामू था। वह जानता था कि इनके बेटों को ही इनकी परवाह नहीं तो मेरी परवाह कितनी ही कम हो, ज़्यादा ही दिखेगी। वही दिख भी रही थी। महिला रामू को पूरी तवज्जो दे रही थी, वह भी स्नेहिल भाव से। इस सफ़र के दौरान जितनी भी बार उसने रामू को कुछ कहा, उसके मुँह से हमेशा 'रामू बेटा' ही निकला।

दोष तो उन सपूतों को ही दिया जा सकता हैं जो इन बूढ़े माँ-बाप की नज़र में हमेशा सपूत रहें। उन्हें इतनी भी फुर्सत नहीं रही कि अपने बीमार पिता को अपने पैतृक शहर तक छोड़ आने की जहमत उठा सकें। उन्होंने इतना भर किया कि अपना एक नौकर साथ कर दिया और वातानुकूलित श्रेणी में सीटों का आरक्षण करा दिया। अपनी सन्तानों से दूर रहने का दुख किसी भी तरह से कैसे अनुकूल हो सकता है। लेकिन जीवन की व्यस्थताओं में इतना करना भी कम थोड़े ही है। आजकल के बेटे तो क्या-क्या, किस-किस तरह का बर्ताव नहीं करते अपने माता-पिता के साथ।

सफ़र जारी रहा। ट्रेन अब मथुरा रेलवे स्टेनशन पर थी। फिर थोड़ी देर ठहर चल निकली। मेरी पीछे वाली सीट पर एक बुजुर्ग महिला बैठी। जिसका जवान बेटा मथुरा स्टेशन पर शायद चहलक़दमी के लिए उतर गया था। ट्रेन चल निकली और बेटे को बगल वाली सीट पर न पाकर वह चिन्तित हो गयी। मेरी बग़लवाली

सीट पर एक युवक और बैठा था—विक्रम। बातचीत के दौरान पता चला। उससे पूछा-मेरा बेटा नहीं दिख रहा। कहीं स्टेशन पर ही तो नहीं रह गया। गाड़ी भी ज़रा-सी देर रूकी है। ज़रा देखना भाई साहब। विक्रम ने कहा—माताजी चिन्ता न करो। वह आ गये हैं, दरवाज़े के पास खड़े हैं।

जितनी चिन्ता माँए अपने बेटों की करती रही हैं उससे आधी भी बेटों ने माँओं की की होती तो नौकरों के भरोसे बीमार हालत में खाँसते-हाँफते हुए सफ़र नहीं काटना पड़ता। माँ की इस चिन्ता और बेकली की उस बेटे ने भी चिन्ता नहीं की जो अभी-अभी मथुरा रेलवे स्टेशन पर चहलक़दमी कर वापस चढ़ा था। वह उसकी बेकली को सुकून के छिटे देने के बजाए उल्टा उसी पर खीजने लग गया-सब्र ना रखियो, कहीं गयो थोड़ी हो।'' माँ ने निरुत्तर हो आँखें मूँद ली।

ट्रेन स्टेशन दर स्टेशन पार करती हुई कोटा यानी अपने गंतव्य स्टेशन के लिए सवाई माधोपुर से रवाना हो चुकी थी। यात्रियों में गंतब्य की नज़दीकी को लेकर हलचल शुरू हो गई। बगल वाली महिला ने रामू से कहा-हम सब आराम से उतरेंगे। सबके उतर जाने के बाद... कोई जल्दी नहीं। रामू ने कोई हाँ में उत्तर देने के बजाय सामने के डिस्प्ले पर नज़र दौड़ाकर कहा—अभी तो 80 किलोमीटर है एक-सवा घंटा लगेगा। तभी महिला ने कहा कि ऐसा नहीं है एक बार यह ट्रेन साढ़े सात बजे ही कोटा पहुँच गयी थी। कोई भरोसा नहीं। अब आप ही बताइये भारतीय रेल जो समय पर नहीं पहुँच पाने के उलाहनों से भरी पड़ी है उसमें ऐसे विश्वास के फूल कैसे रख दे कि वह अपने गंतव्य पर निर्धारित समय से आधा घंटा पहले भी पहुँच सकती है, लेकिन होने को तो कुछ भी हो सकता है।

तभी पीछे की सीट पर बैठी महिला ने अपने बेटे से बाथरूम जाने की बात कही। वह अपनी सीट से उठी और गैलरी में आकर खड़ी ही हुई थी कि उसके बेटे की नज़र उसकी सीट के गीलेपन पर चली गई। उसने बिना पड़ताल किए माँ को लताड़ दिया—आपको इतना भी गाढ नहीं कि...। वह बेचारी कुछ कह पाती, बेटा उसे बाथरूम तक धकेल आया। दरअसल बेटा सीट के जिस गीलेपन को पेशाब समझ रहा था वह बोतल का पानी था, जो कँपकपाँते हाथों से ओक लगाकर पीने के दौरान ढुल गया था।

जिस माँ ने उसे नौ माह तक अपने गर्भ में रखकर अपने ख़ून से सींचा, लातें खाई, उसका गू-मूत साफ़ किया, आज उसी बेटे की त्यौरियाँ इस कदर चढ़ी हुई दिख रहीं कि उसका बस चले तो रिश्तों की सारी सीमाएँ लाँघ जाए।

इधर ट्रेन चम्बल नदी के पुल से गुजर कर शैक्षणिक नगरी कोटा की सीमा में प्रवेश कर गयी थी। सभी यात्री अपने-अपने सामानों को सँभालने में जुट गये थे। बगलवाले पति-पत्नी, नौकर और पीछे की सीट वाली बुजुर्ग माँ और उसका बेटा

दरवाज़े के नज़दीक़ सबसे पहले जाकर खड़े हो गये। इन पाँचों में से घर पहुँच की जल्दी किस-किस को थी यह आप अन्दाज़ा लगा लीजिए। मुझे तो थी ही-बेटी को नौ बजे का समय दिया था घर पहुँचने का। स्टेशन से निकलते-निकलते सवा आठ बज चुके थे। बेटी को जल्दी थी दिल्ली से उसके लिए खरीद कर लाए नये कपड़ों को देखने की और उसका एक नन्हा सा दोस्त है बंश, उसे दिखाने की। जिससे वह दिन में ही कह चुकी थी—मेरे पापा मेरे लिए नये कपड़े लाएँगे, वंश मैं सबसे पहले तुम्हें दिखाऊँगी। उसे मेरे नौ बजे तक घर पहुँच जाने की बात पर पूरा भरोसा था। चिन्ता थी तो इतनी सी कि मेरे पहुँचने से पहले उसका दोस्त वंश कहीं सो ना जाए। बिटिया पारुल आठ बरस की है और पड़ौस का नन्हा लड़का वंश ढाई बरस का। जो उसकी चिन्ता में हमेशा शामिल रहता है। वह भी जब भी उससे कोई तकाजा करता तो अपने ही मीठे अन्दाज़ में—''पारुल मेरी बहिन है बहिन ... और उसके गले में झूम जाता।''

यह सब याद करते और वह सब बिसुरते ऑटो मेरी गली के मोड़ तक आ गया। अभी देर रात को जब पाँचों सहयात्रियों की स्मृति मेरे मन-मस्तिष्क में कौंध रही है तो चिलके सा हमारे शहर के शायर कुंवर जावेद का यह शेर मेरा दृष्टिभ्रम दूर करने में जुटा था—

''दिल है सन्तों की जगह और फ़क़ीरों का धाम।
दिल के आँगन में सिकन्दर नहीं रखे जाते।।
अपने माँ-बाप की खिदमत के लिए ए जावेद।
सच तो यह है कभी नौकर नहीं रखे जाते।।''

नम हुआ धूप का दामन

1 दिसम्बर, 2015

कुछ वर्षों ने हमारी ऋतुओं ने समय की कुछ सीढ़िया उतर ली हैं तो कुछ चढ़ भी ली हैं। मौसम बिना पते की चिट्ठी की तरह धरती पर अपना मुकम्मल ठिकाना ढूँढ रहा है। बारहों महीने गर्मी का अहसास न साँसों से निकलता है न जीवन से। धरती ने अपना स्वभाव बदल लिया है। वह हमेशा समय के चूल्हे पर चढ़े तवे-सी तपती रहती है। सूरज की भट्टी की आग भूख-सी अशान्त।

कब से सर्दियों का इन्तज़ार कर रहे हैं। नवम्बर गुज़र गया पर सर्दी है कि साल की किस गुफा में दुबकी पड़ी थी। कोई नहीं जानता। आज दिखी भी तो मावठ का दामन पकड़ बूँदों की राह आसमाँ से धरती की ओर आती हुई। अच्छे काठ हो जाने जैसे जाड़े के दिन हमारी स्मृतियों के बटुए में सबके सब पुराने ही है। जाड़े के इन दिनों को तह करके धरने का मन ही नहीं होता। सब बदल गया है, सब बदल रहा है। धरती, सूरज, चाँद और जीवन का मौसम। सब कुछ धीरे-धीरे। इसकी चिन्ता पेरिस में हो रहे जलवायु परिवर्तन सम्मेलन में जताई जा रही है तो इधन चैन्नई उदाहरण सहित पानी में डूब रहा है। लेकिन चिन्ता समाधान तक नहीं पहुँची तो वह दिन दूर नहीं कि एक दिन धरती पानी की चिता पर लेटी होगी और उसके मोक्ष का कोई मार्ग न होगा।

> ''सूरज की भट्टी में
> तवे-सी तप रही धरती
> किसी दिन इसी तवे पर
> सिक जायेगा जीवन''

वासुदेव शरण अग्रवाल ने सृष्टि का नियम ''ऋत'' को माना है। देश और काल के कोठे में ओर से छोर तक नियम व्याप्त हैं। यही ''ऋत'' का तन्तु है। यह धागा प्रत्येक परमाणु में पिरोया हुआ है। वैज्ञानिक इस सुप्रीम लॉ कहकर श्रद्धा से प्रणाम करते हैं।

''ऋत का अधिष्ठाता वरुण है। ऋत के विपरीत जो आचरण करता है उसे वरुण के पाश बाँध लेते हैं। ऋत का उल्टा अनृत है। अनृत ही पाप है। ऋत का मार्ग ऋजु मार्ग है, कुटिल या टेढ़ा (अनृत) मार्ग मृत्यु का पद है—

''सर्व जिह्मं मृत्युपदमार्जवं ब्रह्मणः पदम्।''

मनुष्य ज्यों-ज्यों ऋत मार्ग की अवहेलना करता है और पाप में फँसता जाता है वरुण के पाश उसके चारों ओर घेरा डालने लगते हैं। आपदाओं का यही तात्पर्य और कारण है।

दिनों की गठरी

31 दिसम्बर, 2015

वैसे तो अन्तिम कुछ नहीं होता। न दुख और न सुख। अन्तिम दिन भी नहीं होता। पर आज गुज़रते साल का अन्तिम दिन है, गुजरे हुए साल जैसा ठिठुराता हुआ नहीं। मुड़कर देखा तो बहोत सारी स्मृतियों से मन-मस्तिष्क का कोटर भरा हुआ था। यह कि गुजरे बरस गर्मियाँ देर तक रहीं। बारिश बाट जोहते-जोहते गिरी। आषाढ़ के बादल न गरजे न बरसे। सर्दियों का अब तक कोई पता ठिकाना नहीं। बेमौसम की ओलावृष्टि ने किसानों के सपनों को गला दिया। जो खेत में उगा था वह घर तक नहीं पहुँचा। गाँव की आखों में नमी रही। शहर उमस से भरा रहा कई दिनों तक।

लेकिल बस पर किसका बस है उसे तो जब आना था तभी आई। पूरे बरस सूरज की आँखों में लाल डोरे रहे। आकाश में धूल के गुबार। वर्ष के कलेंडर को कल की सुबह बदल जाना है हमेशा की तरह । पर दिन बदल जाने की कोई उम्मीद नहीं, मन के भीतर। फिर भी नये साल में नई आशाओं का संचार एक रस्म अदायगी भर है, जो है ही।

वर्ष के अन्तिम दिनों की कुछ स्मृतियाँ जो हमेशा तरोताजा बनी रहेंगी। जैसे पांखी महोत्सव की स्मृतियाँ। शीर्ष आलोचक नामवर सिंह के हाथों मेरी 'गाँव में दंगा' कविता के लिए 'शब्द साधक युवा सम्मान' ग्रहण करना। मंच पर मन्नू भंडारी जैसी प्रिय लेखिका की मौजूदगी। किशोरावस्था के अदेखे सपने की पूर्णाहूति जैसी। जीवन में ऐसे संजोग बार-बार तो नहीं होते जिनकी यादें ताजगी लिए रहें बरसों-बरस। यह साल गुज़रना था तो गुज़र ही गया। कल नये साल की नई सुबह होगी। उम्मीद का नया सूरज उगेगा। दिन ढल जायेगा झीने दुशाले ओढ़े हुए। रातें अन्तिम पहर में ठिठुरन से भरी होंगी। सर्दियों का पता ऐसे ही मिलने की उम्मीद है। गुज़रे दिनों की स्मृतियाँ चिलेक-सी चिलकती रहेंगी आने वाले बरस में यूँ...

"अधपकी केरियों के
हरे छिलके फँसे है समय के दाँतों के बीच